KB195583

사소해서
물어보지 못했지만
궁금했던
이야기 2

사소해서
물어보지 못했지만
궁금했던
이야기 2

사물궁이 잡학지식 기획

김한빛 지음

arte

역사의 문을 두드리는 사소한 질문들

우리는 보통 만남을 질문으로 시작합니다. "안녕하세요?" "밥 먹었어요?" "잘 잤어요?" 같은 문장으로 말입니다. 이렇듯 우리의 일상은 의외로 질문과 대답으로 이루어진 경우가 많습니다. 사실 역사 공부도 크게 다르지 않습니다. 역사를 공부하는 사람들은 "옛날 사람들은 어떻게 살았을까?" "왜 이 사람은 이렇게 행동했지?" 같은 질문을 끊임없이 던지고 그 답을 찾아 연구에 매진한다고 해도 과언이 아닙니다.

제가 그중에서도 사소한 질문, 혹은 사람들이 쉽게 묻지 않는 질문에 답하려는 이유는 두 가지입니다. 첫째는 여러분이 역사에서 무엇을 궁금해하는지 알고 싶기 때문입니다. 역사를 전문적으로 공부하는 사람들은 주로 커다란 질문, 깊은 질문, 날카로운 질문을 던지고 이에 답하려 합니다. 그러다 보면 종종 연구자에겐 흥미롭지만 다른 사람들에겐 영 재미없는 질문을 붙잡고 있기도 합니다. 이렇게 십여 년을 지내다 보니, 전문 연구자가 아닌 분들이 무엇을 궁금해하는지도 잘 알 수 없게 되었습니다. 그래서 유튜브 〈사물궁이〉 채널을 통해, 또는 역사를 전문적으로 공부하지 않는 분들과의 대화를 통해 사소한 질문들을 모았고, 그중 제가 답할 수 있는 질문에 짧게나마 답을 적어 보았습니다.

둘째는 '아직' AI가 사소한 질문에 제대로 대답하지 못하기 때문입니다. 이 점은 첫 번째 이유와도 연결됩니다. AI는 사람들이 던지는 어떤 질문에도 답을 척척 내놓는데, AI의 답변은 전문 연구자들이 만들고 찾아 낸 정보를 바탕으로 구성됩니다. 그래서 중요한 정보나 명확한 질문에는 잘 대답하지만, 사소하거나 애매한 질문, 혹은 아무도 생각해 보지 않았을 법한 질문에는 어설픈 답을 내놓습니다. AI가 이런 질문까지 궁금해하고 대답할 수 있게 되기 전에, 얼른 제가 할 수 있는 대답을 만들고 싶었습니다.

제가 만든 대답은 저만이 만들 수 있는 대답이 아니며, 정답도 아닙니다. 여러분이 더 정확한 답, 새로운 답을 찾아낼 수도 있습니다. 언젠가 여러분이 만든 새로운 질문과 답을 가지고 함께 이야기할 수 있었으면 좋겠습니다.

2024년 12월, **김한빛**

차례

1부

사소해서 물어보지 못했던
조선사 이야기

고려에서 조선으로 바뀐 후 고려 왕족들은 어떻게 됐을까?

태조 **이성계**는 고려 마지막 왕인 **공양왕**을 폐위시키고 조선의 첫 번째 왕이 되었습니다. 세계 역사에서 보통 한 나라가 멸망하고 새로운 나라가 세워질 때는 치열한 전쟁과 외교전이 수반되기 마련인데, 조선 건국 과정은 우리가 흔히 생각하는 새로운 나라의 건국 과정과는 달랐습니다. 이는 태조 이성계가 고려의 이름난 장군으로, 이미 강력한 정치적 영향력을 가지고 있었기 때문입니다. 즉 고려의 실권자가 왕실을 몰아내고 새 왕이 된 것으로, 고려 멸망과 조선 건국은 사실상 반란이 성공한 사례라고 할 수 있습니다. 그렇다면 표면상으로는 전쟁 없이 세워진 나라 조선이 건국된 이후 고려의 옛 왕족들은 어떻게 되었을까요?

반란으로 즉위한 만큼 태조 이성계의 정통성은 취약했습니다. 이성계가 섬기던 왕을 몰아내고 스스로 왕이 되었다는 사실은 부인할 수 없었고, 여전히 고려 왕실의 복귀를 바라는 이들도 많았습니다. 이러한 상황에서 이성계는 즉위 초반에 매우 조심스러운 행보를 보였습니다. 공양왕의 폐위를 고려 왕실의 최고 어른인 정비 안씨가 폐위 명령을 내리는 방식으로 이루어지게 했고, 공양왕 폐위 후에도 3일 동안 지켜보다가 여론에 따라 어쩔 수 없다는 듯 왕이 되었습니다. 무엇보다 기존의 정부 조직을 최대한 유지하면서 국정을 운영하여 거부감을 줄이고자 노력했습니다.

이런 상황이었으니만큼 이성계는 즉위 직후 곧바로 고려 왕실에 대한 처벌을 논의하지 않았습니다. 다만 조선 건국에 협력한 정도와 정치적 필요에 따라 고려 왕실 사람들을 세 분류로 나누어 이들을 관리했습니다.

一. 조선 건국에 적극적으로 협력한 인물들
　: 후한 대접을 한다. (정비 안씨, 순흥군 왕승 등)

二. 고려 왕실 제사를 계승하는 인물들
　: 별도로 처벌하지 않는다. (정양군 왕우 등)

三. 공양왕, 세자 및 기타 왕실 인물들
　: 강화도와 거제도로 보내어 살게 한다.

이렇듯 이성계는 조선 건국에 협력한 왕족들을 대접하고 고려 왕실의 제사를 받드는 왕족들도 살려 두었습니다. 또한 다른 고려 왕족들도 섬에서 살게 하며 별도로 처벌하지 않았으며, 나중에는 거제도에 사는 왕족들을 다시 육지에서 살 수 있게 허락해 주기까지 했습니다. 이전 왕실을 대우하는 새 왕으로서의 포용력을 보여 주는 방식이었으나, 신하들은 반란을 예방하기 위해 고려 왕족들을 모두 제거해야 한다고 주장했습니다. 이에 이성계는 상황에 따라 기존 정책을 버리고 언제든지 고려 왕족들을 제거할 여지를 남겨 두었습니다.

그런데 얼마 지나지 않아 결정적인 사건이 발생합니다. 태조 3년 (1394), 고위직 관료 중 한 명인 박위가 체포된 것으로, 그가 점쟁이

를 시켜 점친 내용이 문제가 됐습니다. 박위는 점쟁이에게 폐위된 공양왕과 이성계 중 누가 운이 더 좋은지, 그리고 고려 왕족 중에 누가 운이 좋은지 등을 물었습니다. 질문의 의도가 어찌 됐든 이는 여차하면 이성계를 버리고 고려 왕족을 다시 모실 수 있다는 뜻으로 해석될 수 있었습니다. 왕과 신하들은 반역죄로 판단해 공양왕과 세자를 비롯한 주요 고려 왕족들을 모두 귀양 보냈습니다. 이때 육지에 나와 살던 고려 왕족들은 다시 거제도로 돌려보내졌고, 노약자를 포함해 섬에 사는 모든 왕족은 엄중히 감시받았습니다. 이 사건 이후에 신하들은 즉시 모든 고려 왕족들을 제거해야 한다고 주장했는데, 이성계도 아닌 신하들이 왜 자꾸 고려 왕족 제거를 앞장서서 주장했을까요?

당시 신하들이 이성계가 직접 말하지 않았던 진심을 읽었을지도

모릅니다. 그러니까 이성계가 고려 왕족들을 모두 없애고 싶다는 생각을 신하들에게 은밀하게 내비쳤는데, 이 내용이 실록에 기록되지 않았을 수 있습니다. 또 다른 이유로는 신하들 자신의 목숨이 위험했기 때문입니다. 만약 고려 왕실이 복원된다면 이성계와 그에게 충성했던 신하들도 반역자로 간주되어 생명이 위험해질 것입니다. 그래서 신하들은 고려 왕족들을 없애는 데에 열을 올릴 수밖에 없었습니다.

태조 이성계는 결국 신하들의 요청을 수용하여 고려 왕족 척살을 지시했습니다. 고려 왕실 제사를 계승한 왕우와 그의 아들들, 그리고 여성들을 제외한 모든 왕족이 대상이었고, 고려 왕족들에게 모여 살도록 했던 섬에 관리들을 보내어 왕족들을 모두 바다에 던져 죽였습니다. 또한 지방 관청에도 왕씨 후손들을 색출하여 처형하라는 명령을 내렸습니다. 공양왕과 세자 역시 예외 없이 이때 목을 졸려 죽임을 당했고, 이어 태조 6년(1397)에는 후궁이나 첩의 아들들까지 색출하여 죽이도록 했습니다.

조선 정부는 단순히 고려 왕족들을 처단하는 데 그치지 않고 왕씨 성 자체를 완전히 없애려 했습니다. 고려 왕실로부터 왕씨 성을 하사받은 사람은 왕씨 성을 버리고 본래 성으로 돌아가도록 했으며, 고려 왕족이 아니지만 원래 왕씨 성인 사람들도 어머니의 성을 따르라 명령했습니다. 그나마 왕실 제사를 계승한 왕우와 그의 아들들, 그리고 여성들이 이런 화를 피하여 살아남을 수 있었습니다. 그러나 결국 왕우 집안 역시 불운을 피하지 못했는데, 왕우는 태조 6년(1397)에 사망하였고, 제사를 잇게 된 그의 두 아들은 이듬해 같은 날에 사망했습니다. 이 때문에 두 아들이 스스로 목숨을 끊었다는 설이 제기되기도 합니다.

이런 잔혹한 숙청 작업은 이성계가 처음 고려 왕족 척살을 명령한 지 20년 만인 태종 13년(1413)에서야 중단되었습니다. 조선 제3대 왕 태종은 고려 왕족을 모두 죽이려 했던 것이 태조의 본심이 아니었다고 주장하며, 살아남은 고려 왕족의 후손들이 생업과 주거지를

보전할 수 있도록 하라고 지시했습니다. 태종은 고려 왕족들이 이제 반란을 일으키기 어려우리라 판단하고 기존의 강경한 정책을 철회한 것으로 보이는데, 사실 이때는 이미 고려 왕족 대부분이 살해된 이후였습니다.

여담으로 왕족 척살과 별개로, 조선 정부는 고려 왕과 신하들을 기리는 사당을 세우기도 했습니다. 태조 6년(1397)에 건립된 숭의전은 정종 대와 세종 대를 거치며 점차 확장되었고, 제사를 모시는 인물들도 늘어났습니다. 고려 왕족을 숙청하면서도 다른 한편으로는 제사를 지냈으니, 조선 정부는 고려 왕족에 대해 이중적으로 행동했다고 할 수 있겠습니다.

고려 멸망과 조선 건국은 세계 다른 나라의 사례와 비교해 보면 큰 전쟁 없이 이루어졌지만, 고려 왕족들에게는 그야말로 사형선고나 다름없는 일이었습니다. 피 없이 평화적으로 정권 교체가 이루어지기란 어려운 일입니다.

02

신문고는 정말
아무나 두드릴 수 있었을까?

신분제가 굳건했던 조선시대에도 서민을 위한 각종 제도가 존재했습니다. 그중 현대에도 잘 알려진 제도가 바로 **신문고**입니다. 신문고는 궁궐 가까이에 설치된 커다란 북으로, 억울한 백성이 해결 방법을 찾지 못했을 때 북을 두드리면 왕이 그 사연을 직접 듣고 해결해 주는 제도였다고 전해집니다. 그런데 실제 신문고의 목적은 반대에 가까웠습니다. 왜냐하면, 신문고는 사람들이 정해진 재판이나 신고 절차를 무시하고 함부로 직접 궁궐에 호소하는 사례를 막기 위한 제도였기 때문입니다.

신문고를 최초로 설치한 왕은 조선의 제3대 왕인 태종으로, 즉위 첫해인 1401년에 중국 송나라에 존재했던 비슷한 제도인 등문고를 본떠 만들었습니다. 여기서 '등문쯭聞'이란 "올라가서 왕께 들리게 한다"라는 의미로, 등문고란 "왕께 말씀드리는 북"이라는 뜻입니다. 조선에서도 한때 신문고를 등문고라 부르기도 했으나 곧 그 명칭은 신문고로 바뀌었습니다. 신문고의 '신문申聞'은 "왕에게 보고한다"라는 뜻과 "상급 기관에 보고한다"라는 뜻이 있습니다. 즉 조선은 보고받는 사람을 왕으로 정해 두지 않았던 것이고, 등문고란 명칭 대신 신문고라고 하여 왕에게만 알리는 제도가 아님을 명확히 한 것입니다.

그리고 신문고를 처음 설치할 때부터 조선 정부는 신문고를 칠수 있는 조건을 명확히 규정했습니다. 오늘날의 국무회의에 해당하는 의정부에서는 신문고를 설치할 때 사용 조건과 처리 방식을 다음과 같이 적었습니다.

의정부에서 상소하기를, "서울과 지방에서 고할 데 없는 백성이 원통하고 억울한 일을 소재지의 관청에 고하여도, 관청에서 이를 다스려 주지 않는 자는 나와서 등문고를 치도록 허락하십시오. 왕께 보고한 일은 사헌부가 추궁해 밝혀서 아뢰어 처결하여 억울한 일을 해소하게 하고, 그중 사사로이 원망을 품어서 감히 무고한 자는 반좌율反坐律을 적용하여 분수에 넘치는 상소와 간사한 일을 막으십시오."

– 『태종실록』 태종 1년(1401) 8월 1일

의정부의 제안에 따르면 백성들은 서울 및 지방 관청에서 해결해 주지 못한 사안이 있을 때에만 신문고를 칠 수 있었습니다. 즉 신문고를 두드리려면 먼저 자신이 살고 있는 지역의 하급 관청에서 문제 해결을 시도해야 했습니다. 신문고를 쳐서 왕에게 보고된 일 역시 왕이 직접 관리하는 것이 아니라, 조선시대의 검찰 또는 감사원에 해당하는 기관인 사헌부에서 관장했습니다. 또한 단순히 개인적 원한이나 욕심으로 상대를 무고하기 위해 신문고를 두드린 자는, 소송을 제기한 사람이 피고가 받아야 한다고 주장한 벌을 똑같이 받는 처벌인 반좌율에 따라 처벌받았습니다.

이렇듯 신문고는 설치될 때부터 이미 함부로 사용할 수 없는 북이었습니다. 그나마도 설치된 지 불과 6개월 후, 두드릴 수 있는 조건이 다음 세 가지로 더욱 좁혀졌습니다.

- 정치적 문제와 민생에 관한 문제는 먼저 의정부에 보고한 후에 신문고를 두드린다.
- 원통하고 억울한 일은 지방의 경우 수령 또는 관찰사에게 먼저 보고하고 사헌부에 올린 후 신문고를 두드린다. 서울의 경우 주장관에게 먼저 보고하고 사헌부에 올린 후 신문고를 두드린다.
- 반역 관련 고발 및 종친, 훈구 대신 관련 문제를 보고할 때만 즉시 신문고를 칠 수 있다.

즉, 백성들이 신문고를 두드릴 수 있는 상황은 사실상 반역이나 왕족과 유력한 신하들이 저지른 비리를 고발하는 등, 왕권이 위협받는 심각한 문제일 경우로 한정되었습니다.

세종 대에는 신문고를 칠 수 있는 사유가 더욱 제한됐는데, 세종은 학문적 능력이 뛰어나고 백성을 사랑한 왕으로 알려졌으나 신분제만큼은 철저히 지키려 했습니다. 그래서 세종 2년(1420), 왕은 외교와 교육 등을 담당하는 부서인 예조의 건의를 받아 백성이나 하급 관리가 상급 관리를 고소할 수 없도록 하는 **부민고소금지법**을 제정합니다. 이 법에 따라 아랫사람은 반역죄와 살인죄를 제외하고는 어떤 이유로도 상급 관리를 고소할 수 없었습니다.

신문고 제도는 부민고소금지법 제정 전에도 사실상 상급 관리가 일을 제대로 처리하지 못했다고 백성이 관리를 고소하는 제도였습니다. 새 법의 원칙에 따라 신문고를 칠 수 있는 사유가 더욱 제한되어 이후로는 백성은 반역 등 중범죄를 제외하고는 관리를 고발할 수 없었고, 개인 간에 벌어진 억울한 일에 대해서만 모든 고발 조치를 수행한 후에야 신문고를 두드릴 수 있게 되었습니다.

실효성 없이 운영되던 신문고 제도는 결국 세조 대에 폐지됐다가 성종 대에 부활하고, 중종 대에 다시 폐지된 뒤 거의 200여 년이 지난 숙종 대에 부활합니다. 그러나 숙종은 신문고를 칠 수 있는 사유를 이전보다 더욱 제한해 운영했습니다.

신문고의 역사를 살펴보면 백성에게 관심이 많았다고 알려진 왕들조차도 백성이 신문고를 적극적으로 사용하지 못하게 막았음을 알 수 있습니다. 그들은 신분제의 틀을 유지하는 한에서만 백성들의 억울함을 들어 준 것입니다.

03

왕에게 욕한 사람은
어떻게 됐을까?

조선은 왕이 막강한 권력을 가졌던 왕국이었습니다. 말 그대로 왕이 날아가는 새를 잡으라고 하면 잡아 와야 했고, 죽으라고 하면 죽어야 했습니다. 당연히 왕에게 욕을 하면 그에 상응하는 처벌을 받았을 것입니다. 그런데 『조선왕조실록』에는 하늘 같은 왕에게 입에 담기 힘든 비난을 하고도 살아남은 사람들이 등장합니다.

첫 번째 사례는 정인지입니다. 조선의 3대 왕 태종 때 과거에 1등으로 합격하여 관직 생활을 시작한 수재로, 천문과 수학에 뛰어나 달력을 고치기도 하고, 천문 책인 『칠정산내편』을 저술하기도 했습니다. 또한 세금 개정, 한글 창제, 역사서의 수정 및 편찬에 관여하는 등 여러 방면에서 능력을 발휘했습니다.

그런 정인지에게는 남들에게 없는 탁월한 능력이 하나 더 있었습니다. 바로 왕에게 반역자도 차마 하기 힘든 불경죄를 저지르고도 사형을 당하지 않은 능력입니다. 그리고 그의 목숨을 위협한 것은 다름 아닌 술버릇이었습니다.

세조는 계유정난을 일으켜 조카인 단종을 쿠데타로 몰아내고 즉위한 왕입니다. 합법적으로 즉위하지 않았기에 자신의 왕권을 지키려 했고, 정난 당시 자신을 지지한 공신들을 챙기려 노력했습니다. 세조가 자주 술자리를 열어 공신들과 돈독한 관계를 유지하려 한 것도 그런 노력 중 하나였습니다. 어느 날 그런 술자리 중 하나에서 한창 술을 마셔 기분이 좋아진 세조 앞에 느닷없이 공신 중 한 명인 정인지가 나아갑니다. 그리고 술에 잔뜩 취한 그는 왕에게 불교 경전을 많이 인쇄했다고 비판하기 시작합니다.

세조는 유학을 중시한 조선에서 불교 경전을 인쇄하도록 지시할 정도로 불교도 중시한 독특한 왕이었습니다. 그런데 왕이 공신을 위해 연 술자리에서 갑자기 유력한 공신 정인지가 감히 세조의 불

교 경전 간행을 강하게 비판한 것입니다. 세조는 분노하여 잔치를 파했고, 다음 날 정인지를 직접 불러 자신을 비판한 이유를 따져 묻습니다. 정인지는 어제 너무 취해서 기억이 잘 나지 않는다고 변명했지만, 화가 풀리지 않은 세조는 정인지에게 대답하기 어려운 추상적인 질문을 이어 갔습니다. 당연히 정인지는 제대로 대답하지 못했고, 세조는 그날로 정인지를 붙잡아 벼슬을 거두고 심문하도록 지시했습니다. 하지만 며칠 가지 않아 세조는 정인지에 대한 심문을 멈추게 하고 그의 벼슬도 원래대로 복구시킵니다. 그만큼 정인지가 왕과 친한 당대 권력자였기 때문입니다.

해당 사건이 있고 불과 몇 달 지나지 않아 정인지는 더 큰 사고를 치고 맙니다. 같은 해였던 세조 4년(1458), 세조는 또 한 번 술자리를 열었습니다. 그런데 잔치를 연 바로 다음 날부터 의정부, 충훈부, 육조 참판 이상이 모두 정인지의 어제 발언이 불경하니 처벌해야 한다고 주장합니다. 정인지가 뱉은 무엄한 말은 이틀 후 왕이 직접 한 발언에서 드러납니다.

그날[잔칫날] 정인지가 내게 '너[爾]'라고 칭하며 말하길, "[네가] 그렇게 한다면, 나는 전부 취하지 않을 것이다"라고 했다.
　　　　　　　　-『세조실록』세조 4년(1458) 9월 17일 첫 번째 기사

이 말대로라면 정인지는 술에 취해서 왕에게 감히 "네가 그렇게 한다면 나는 하나도 따르지 않겠다"라고 막말을 한 것입니다. 신하들은 모두 정인지를 반역죄로 처벌해야 한다고 주장했고, 정인지 본인도 자신이 죽을죄를 지었으니 사직하겠다고 상소를 올렸지만, 세조는 이 모든 의견을 무시하고 정인지를 처벌하지 않았습니다. 세조가 정인지를 각별하게 아꼈음을 알 수 있습니다.

그러나 이후에도 정인지는 술버릇을 고치지 못한 듯합니다. 이듬해인 세조 5년(1459) 음력 1월과 8월에도 술자리에서 왕에게 무례하게 행동했다는 기록이 남아 있습니다. 결국 정인지는 유배를 가게 되지만 불과 몇 달 후 유배에서 풀려나고 복권되었습니다. 정인지의 사례는 왕에게 대들고도 살아남는 가장 좋은 방법은 왕과 친한 권력자가 되는 것임을 보여 줍니다.

두 번째 사례는 임진왜란 중에 일어났습니다. 선조 25년(1592) 도요토미 히데요시의 지시로 일본군이 부산에 상륙하면서 임진왜란

이 발발했습니다. 임진왜란 첫해에 조선군은 일본군에게 속절없이 밀렸고, 조선 정부는 한때 개성, 평양을 넘어 북쪽 국경 인근인 의주까지 후퇴합니다.

왜란 중, 특히 전쟁 초기에 **선조**는 자신에게 나라를 다스릴 능력이 부족하고 전쟁에 책임이 있다는 이유로 여러 차례 사임하겠다는 발언을 했습니다. 그리고 선조가 사임 의사를 밝힐 때마다 세자 광해군과 신하들은 선조 앞으로 몰려가 그 발언을 취소해 달라고 간청했습니다. 선조의 발언은 실제로 왕위를 포기할 의사를 밝히는 것이 아니라, 위기 상황에서 비판 여론을 무마하고 자신의 입지를 강화하기 위해 했던 정치적 발언이었기 때문입니다.

하지만 왕의 말을 글자 그대로 이해한 사람들도 있긴 했나 봅니다. 벼슬이 없던 양반 남이순과 송희록은 백성의 뜻에 따라 세자에게 왕 자리를 물려주라고 청하는 상소를 올립니다. 그 상소의 구체

적인 내용은 현재 전해지지 않지만, 상소에 대한 선조의 답변은 실록에 남아 있습니다. 그동안 사임하겠다고 여러 번 주장하던 선조는 갑자기 구차한 변명을 늘어놓습니다.

내 세자에게 왕위를 물려받도록 명령했지만 내 뜻을 이루지 못했다. 이 어찌 말뿐이겠는가? 용납되지 못했을 뿐이다. [중략] 최근에는 눈이 잘 보이지 않고 곧 장님이 될 지경이니, 왕위에 있으려고 해도 그럴 이유도 없다. [중략]
왕위를 물려주는 일 또한 내 평소의 뜻으로, 내가 즉시 행하고 싶지 않은 것이 아니다. 다만 여기는 중국과의 국경이기 때문에 처리하기 어려운 일이 생길 것을 염려할 뿐이지, 감히 욕심 부리고 있는 것이 아니다. 이 일은 적을 섬멸하고 즉시 시행할 것이니 이런 뜻을 아울러 알아 달라.

— 『선조실록』 선조 25년(1592) 11월 7일 세 번째 기사

이 답변에서 선조는 자신이 당장 사임할 수 없는 이유를 구구절절 설명하고 있습니다. 세자가 왕위를 물려받지 않으려 했고, 중국과 외교상 문제가 발생할 수 있으니 당장 그만둘 수가 없다고 합니다. 그리고 본인은 건강도 점점 나빠지고 있으니 전쟁이 끝나는 즉시 세자에게 왕위를 물려주겠다고 합니다. 왕위에 대한 욕심이 전

혀 없음을 여러 차례 강조하고 있는 것입니다.

평소라면 이 상소를 올린 사람은 반역죄로 즉시 처형되었을 것입니다. 하지만 당시는 임진왜란 초기였습니다. 왕이 전쟁 책임을 져야 한다는 비판 여론이 있었고, 전황도 불리했습니다. 이런 상황에서 나라를 걱정하는 상소를 올린 신하를 함부로 처벌했다가는 여론이 크게 나빠질 수 있었기에 선조는 자신이 물러나야 한다는 상소에도 정중하게 답변할 수밖에 없었을 것입니다. 이후 남이순과 송희록에 대한 처벌 기록이 없는 것으로 보아, 이 두 사람은 무사했던 것으로 보입니다. 물론 선조도 무사했고, 전쟁이 끝난 후에도 광해군에게 왕위를 물려주지 않았습니다. 선조는 죽을 때까지 왕위를 지켰으며, 선조가 죽은 후에야 아들 광해군은 왕으로 즉위할 수 있었습니다.

04

어의가 의료사고를 내면
어떻게 될까?

조선시대 의사들은 관료를 뽑는 시험인 과거 시험의 잡과 중 의술 시험을 통해 선발됐고, 임금을 진찰하는 의사인 **어의**는 그렇게 뽑힌 이들 중에서도 최고들만 할 수 있었습니다. 이들은 대부분 중인 계급이었지만, 왕실 어른들의 중병을 고치는 등 큰 공을 세우면 양반으로 신분 상승을 하기도 했습니다.

그런데 당대에는 의술이 오늘날과 같은 고도의 전문직으로 여겨지지 않았습니다. 실제로 왕의 몸에 손을 대고 치료하는 일은 어의들이 담당했지만, 조선시대에는 몸에 맞는 약을 적절히 쓰는 능력이 치료에서 더 중요한 요소로 여겨졌습니다. 그래서 왕의 진찰을 실질적으로 책임지는 최고위 직책은 어의가 아니라 궁궐 약국의 수장이라고 할 수 있는 약방의 도제조였습니다.

게다가 어의가 왕의 병을 진단하거나 약을 처방할 때, 의학을 잘 아는 관료들은 물론, 진찰받는 왕 자신도 치료에 간섭하는 경우가 많았습니다. 이 과정에서 발생한 왕의 사망이라는 최악의 의료사고를 소개하겠습니다.

조선 제17대 왕 **효종**은 병자호란의 치욕을 당한 인조의 아들입니다. 그래서 송시열과 함께 청나라에 대한 복수 전쟁인 북벌을 추진한 왕으로 잘 알려져 있습니다. 이런 효종은 몸 곳곳에 나는 종기 때문에 고생을 겪었습니다. 특히 죽기 직전에 효종의 머리에는 큰 종기가 나 있었다고 하는데, 눈을 가려 앞을 보기 어려울 정도로 크기가 컸고, 통증도 심했다고 합니다.

효종은 머리에 난 종기를 치료하기 위해 침술로 유명한 의관 신가귀를 불렀습니다. 그런데 신가귀는 궁궐의 정식 절차, 즉 의관 시험을 보고 선발된 의사가 아니었습니다. 원래 무인이었지만 침을 쓸 줄 알아 유명해진 인물입니다. 효종 9년(1658)에 왕이 엎어져 다

친 후 엉덩이 쪽에 종기를 앓았는데, 이때 신가귀가 침을 놓아 효종을 치료한 적이 있습니다. 왕은 신가귀의 공로를 기억하고 머리에 난 종기를 치료하기 위해 그를 다시 부른 것입니다.

　문제는 엉덩이에 침을 놓는 것과 머리에 침을 놓는 것은 전혀 다른 상황이라는 것입니다. 그래서 신가귀뿐 아니라 어의 유후성은 물론 왕의 의료 전반을 책임지는 약방 도제조 원두표, 제조 홍명하 등이 모두 모여 이 문제를 의논했습니다. 이때 신가귀는 종기의 독을 뽑아내려면 침을 놓아 나쁜 피를 뽑아야 한다고 주장했습니다. 반면 유후성은 경솔하게 침을 놓으면 안 된다고 주장했으며, 왕세자 역시 침을 놓는 문제는 차차 논의해야 한다고 보았습니다. 하지만 효종은 즉시 머리에 침을 놓을 것을 지시했고, 결국 왕의 뜻대로 신가귀가 침을 놓게 되었습니다.

　신가귀가 침을 놓자 침 구멍으로 피가 나왔습니다. 이때만 해도 효종은 신가귀를 칭찬하며 "신가귀가 아니었으면 병이 위태로울 뻔

했다"라고 했습니다. 그런데 시간이 지나도 왕의 피가 멈추지 않았습니다. 어의를 비롯한 의료 관리들이 각종 약을 써 보았으나 출혈을 멈출 수 없었고, 결국 효종은 급작스럽게 과다 출혈로 생을 마감했습니다.

왕이 죽자 곧바로 책임자들에 대한 처벌이 시작됩니다. 어의 유후성과 침을 놓은 신가귀는 물론 관련 의관들이 모두 체포되어 고문을 동반한 조사인 국문을 받았습니다. 또 여러 신하가 어의들과 약방 관료들을 즉시 강력하게 처벌해야 한다고 주장했습니다.

하지만 효종의 사망 후 즉위한 현종은 합리적인 판단을 했습니다. 왕이 사망한 직접적인 책임이 신가귀에게 있기는 하지만, 신가귀는 왕명으로 침을 놓았으며, 이전에 효종의 엉덩이에 난 종기를 치료한 공로도 있다고 보았습니다. 이에 신가귀는 칼로 베어 죽이는 참형 대신 목을 졸라 죽이되 시신을 보존할 수 있는 교형으로 생을 마

감했습니다. 죽는 것은 똑같으나 왕이 신가귀에게 나름의 배려를 해 준 것입니다.

신하들은 신가귀 외에도 왕의 사망에 책임이 있는 모든 의관들을 처벌해야 한다고 주장했습니다. 하지만 현종은 왕의 사망에 직접적인 책임이 없는 유후성, 조징규 등 다른 의관에게는 곤장형과 유배형만 내리는 선에서 처벌을 마무리했습니다. 유배된 의관들은 왕실의 다른 어른들을 치료하기 위해 서울 근처에 머물 수 있었고, 얼마 후 유배에서 풀려났습니다. 그중 유후성은 대왕대비의 병을 치료한 공로로 이후 의관으로서는 전례 없이 높은 직급으로 승진하고 상을 받기도 했습니다.

예전에는 효종의 급작스러운 사망을 두고 음모론이 제기되기도 했습니다. 북벌을 추진한 효종이 너무 갑자기 죽었기 때문에 북벌을 반대한 모종의 세력이 암살했다고 본 것입니다. 하지만 공식 기

록에 따르면 효종의 사망은 급작스러웠을 뿐, 그 이유가 명확하고 단순했습니다. 이는 역사 연구를 할 때 음모론보다 꼼꼼한 기록 검토가 우선되어야 함을 보여 주는 사례라고 할 수 있습니다.

한편 왕이 침을 잘못 맞았다가 과다 출혈로 사망한 이 사건은 당시의 의술이 얼마나 열악했는지 보여 주는 사례이기도 합니다. 그리고 왕의 죽음에 직접적인 책임이 있는 경우가 아니라면, 왕의 사망 후 일정 기간이 지나면 어의가 계속 일할 수 있었음 역시 알 수 있습니다. 고위급 어의였던 유후성은 높은 품계로 승진하기까지 했습니다. 다만 신하들은 항상 어의에게 더 큰 처벌을 요구했습니다.

이와 비슷한 사례로 유명한 어의 허준이 있습니다. 허준 역시 조선 제14대 왕 선조가 사망할 당시 어의였습니다. 그는 앞의 사례와 유사하게 선조가 죽고 난 후 귀양을 떠나야 했지만 귀양 간 지 1년이 되지 않아 석방되었습니다. 이후 그는 『동의보감』을 저술하여

큰 상을 받았으며, 계속 어의로 활동하다가 광해 7년(1615)에 사망
했습니다. 허준은 사망 직후에도 공로를 인정받아 왕명에 따라 법
적으로 받을 수 있는 가장 높은 품계인 정1품 보국숭록대부를 받았
습니다.

05

절대 권력자인 왕도
귀신을 무서워했을까?

조선에서 가장 권력이 강한 사람은 왕이었습니다. 한반도에 감히 왕에게 도전하는 사람은 없었으며, 왕의 명령은 그 누구도 무시할 수 없었습니다. 그런데 그런 왕도 귀신을 무서워했을까요? 의외로 귀신을 걱정한 왕이 있습니다. 바로 연산군과 광해군입니다.

연산군은 조선 역사에서 손꼽히는 폭군으로 악명이 높습니다. 악명만큼이나 이상한 행동을 한 기록도 많이 남아 있지만, 그중에도 가장 독특한 행동은 사인검에 관한 일입니다. 사인검은 12개 지지地支 중 하나인 인寅이 네 개 모인 검이라는 뜻입니다. 12지지는 하나하나가 동물, 절기, 오행, 시간 등과 대응합니다. 그중 인은 호랑이, 양기, 나무, 새벽 3시에서 5시 등을 상징합니다. 조상들은 인의 상징이 모이면 양기가 매우 강해져서 귀신을 쫓아낼 수 있다고 믿었고,

하늘은 정기를 내리시고, 땅은 신령을 도우시니,
해와 달은 모습을 드러내고 산과 강은 형체를 갖춘다.
천둥과 번개를 휘두르고 현묘한 별자리를 움직이니,
산처럼 큰 악도 물리치고 신묘하게 베어 바르게 다스리리라

사인검

인의 해, 인의 달, 인의 날, 인의 시에 제작을 마무리한 검을 사인검 四寅劍이라고 불렀습니다. 인이 네 번이나 중첩되었으니 귀신이나 나쁜 기운을 물리칠 수 있다고 본 것입니다.

인의 해는 12년에 한 번, 인의 달은 12달에 한 번, 인의 날은 12일에 한 번씩 찾아오며, 인의 시는 새벽 3시에서 5시입니다. 즉 사인검은 12년마다 돌아오는 인의 해에, 단 이틀에서 사흘, 그것도 새벽 3시에서 5시 사이에 마무리 작업을 해야만 완성할 수 있는 검이었습니다. 조선 왕들의 평균 임기는 약 19년인데, 그렇다면 보통 조선 왕이 임기 중 사인검을 만들 수 있는 시간은 4시간에서 많아야 12시간에 불과했습니다. 조건을 하나 줄인 '삼인검'도 있었습니다만, 보통 삼인검은 사인검에서 시간 조건만 제외한 것으로, 왕이 임기 중 삼인검을 만들 수 있는 날도 이틀에서 6일에 불과했습니다.

그런데 당대인들은 사인검이나 삼인검을 비판적으로 바라본 것

같습니다. 중종 대 기록을 보면 감찰 기관인 사헌부가 중종에게 두 차례 사인검 제작 중단을 요청합니다. 사인검을 만드는 데에 많은 자원과 인력이 소모되는데, 흉년이 들었으므로 자원을 절약해야 한다는 이유였고, 중종은 두 차례 요청을 모두 받아들였습니다.

반면 연산군 대 기록을 보면 사헌부의 수장 격인 대사헌이 삼인검 제작을 중단해 달라고 연산군에게 요청했으나 왕이 답한 기록이 없습니다. 연산군은 비판을 무시하고 삼인검을 제작한 것으로 보입니다. 그의 즉위 마지막 해였던 연산군 12년(1506)은 마침 12년 만에 찾아오는 인의 해였는데, 연산군은 연초부터 사인검을 무려 200자루 만들어 바치라고 지시했습니다. 검이 제때 올라오지 않았는지 음력 5월경에는 상인들을 잡아들여 검을 만들 재료를 바치라고 독촉하기까지 합니다.

사실 연산군이 염려한 것은 귀신만이 아니었습니다. 연산군은 암

살도 두려워했습니다. 그는 사냥을 좋아해 민가를 헐고 사냥터를 만들어 일반인의 출입을 금지했는데, 정작 사냥터 안을 돌아다닐 때면 암살을 두려워했습니다. 연산군 12년, 왕은 사냥터를 지나다가 밭두둑에서 무언가 부스럭거리는 소리를 듣습니다. 혹시 암살자인가 싶어 급히 말을 몰아 그곳을 벗어난 왕은 사람을 보내 밭두둑을 확인하게 합니다. 소리의 정체는 황새였는데, 연산군은 이 사건에 적잖이 놀라고 언짢았는지 전국의 황새를 모두 잡아들여 종자도 남지 않게 하라고 지시합니다. 다행히 그로부터 몇 달 후 연산군이 쫓겨났으니, 황새가 많이 잡히지는 않았을 것입니다.

한편 연산군보다 귀신을 두려워한 왕이 있었으니, 바로 **광해군**입니다. 광해군이 즉위한 시기는 임진왜란 피해가 채 복구되기 전이라 본궁인 경복궁을 비롯해 창덕궁, 창경궁이 화재로 소실되었던 때입니다. 특히 왜란 직후에는 그 상황이 더 심각해 광해군의 아버

지이자 당시 왕이었던 선조는 서울로 돌아와 왕족 한 명의 저택을 얻어 생활해야 했습니다. 그곳이 현재 시청 옆 덕수궁 자리에 위치했던 경운궁입니다. 선조는 일단 창덕궁을 복구할 때까지 경운궁에 머물기로 했는데, 끝내 창덕궁 완공을 보지 못하고 경운궁에서 승하했습니다.

창덕궁은 광해군이 즉위한 해인 광해군 원년에 복구를 마칩니다. 하지만 광해군은 창덕궁이 영 맘에 들지 않았던 것 같습니다. 창덕궁의 보강 공사를 명령했고, 공사 기간에는 명나라 사신을 접대하는 등의 행사에만 창덕궁을 사용합니다. 여차저차 2년 후인 광해 3년에야 광해군은 창덕궁으로 이사했는데, 이사 후에도 그는 창덕궁을 못마땅해합니다. 광해군은 자신의 어머니 격인 대비가 아직 이사하지 않았음에도 본인 혼자 창덕궁에 있기 민망하다면서 불과 한 달만에 경운궁으로 돌아가 버립니다. 그리고 무려 4년간 이사를 차일

피일 미루다 광해 7년이 되어서야 겨우 창덕궁으로 이사합니다.

그런데 이때 광해군은 귀신을 두려워하는 듯한 발언을 합니다. 그는 다섯 마리 해로운 귀신이 특정한 방향에 있으니, 그 방향을 피해서 세자가 입궁할 수 있는 길한 방향을 정하라고 지시합니다. 또한 스스로 창덕궁에 이사하기 길한 날짜를 정하고, 귀신을 쫓는 술법을 사용하기에 이릅니다.

광해군은 이렇게 어렵게 들어간 창덕궁에 만족하지 못하고 또 다른 공사를 명령합니다. 아직 왜란 피해가 제대로 복구되지 않은 때였으므로 신하들은 당연히 공사를 반대했습니다. 궁궐 공사를 전담한 부서인 영건도감조차도 지금은 경제 상황이 어렵고 수도에 이미 궁궐이 충분히 마련되었으니 공사를 중단해야 한다고 건의했습니다. 그러나 광해군은 이러한 의견들을 모두 어르고 달래고, 때로는 무시하고 압박하면서 궁궐 공사를 이어 갑니다. 급기야 영건도감 책임자인 영건도감제조가 사직 의사를 밝히며 공사 중단을 건의했지만, 이때도 왕은 귀신 때문에 궁궐을 새로 지어야 한다고 말합니다.

> 창경궁 공사가 막 끝나자마자 귀신의 재앙이 창경궁에서 먼저 일어나더니 창덕궁에까지 옮겨지고 말았다. 상황상 귀신이 어지럽게 일어나는 곳에 그대로 있을 수는 없는 일이다.
>
> - 『광해군일기 중초본』 광해 10년(1618) 5월 16일

이런 광해군의 주장을 당시 사람들도 납득하기 어려웠나 봅니다. 실록을 쓴 사관은 군사들이 "우리도 그 궁궐에서 잠을 잤는데, 한 번도 꿈에 악귀가 나타나지 않았다"라고 말했다고 덧붙였습니다.

광해군은 심지어 귀신을 쫓겠다며 한양에 대포를 쏘아 대기까지 합니다. 이때 조직이라는 양반이 광해군을 비판하는 상소를 올렸다가 심문을 받게 됐는데, 조직은 "왕이 귀신을 쫓겠다며 포를 쏘아 대는 행동이 해괴하다"라고 비판하는 용기를 보였으나 귀신을 내쫓는 데에 진심인 광해군을 말릴 수 없었습니다.

06

왕이 치매에 걸리면
어떻게 될까?

　치매는 노년층에 흔히 발생할 수 있는 일반적인 질환입니다. 그러나 치매는 발병 원인이 다양할뿐더러 아직 병을 완치할 수 있는 기술도 없어서 오늘날에도 병의 진행을 늦출 수 있을 뿐입니다. 그런데 조선시대 기록에는 치매 환자와 관련된 내용을 거의 찾아보기 어렵습니다. 그 이유는 당시에는 의료 기술이 부족해 대부분이 치매가 발병하기 전 다른 질병으로 사망했기 때문입니다. 하지만 장수한 사람이 없지는 않았고, 치매 증상을 보이는 사람들 역시 존재했습니다. 그렇다면 조선에서 가장 중요한 인물인 왕이 치매에 걸리면 어떻게 됐을까요?

　조선 임금 중에서 가장 오래 살았고 가장 오래 집권한 왕은 제21대 왕 **영조**입니다. 영조는 숙종 20년(1694)에 태어나 영조 52년

(1776)에 사망했는데, 그 시대에 83세까지 살았고 재위 기간은 52년이나 됩니다. 이런 영조는 말년에 치매 의심 증상을 자주 보였습니다. 왕의 일기인 『일성록』과 정부의 공식 기록인 『승정원일기』등 여러 자료에 기록되어 있는데, 참고로 영조 말년의 일기는 영조가 직접 작성한 것이 아니라 당시 세손으로서 왕의 직무대행을 하고 있던 그의 손자 **정조**가 작성한 내용입니다.

영조의 치매 증상은 그가 사망하기 몇 년 전부터 극단적으로 나타났습니다. 대표적인 사례를 보면 다음과 같은데, 첫째로 영조는 의식이 혼미해지고 언사가 횡설수설해졌습니다.

> 잠든 것인지 정신을 잃은 것인지 술 취한 듯 멍한 상태로 세 시각이 지나가고 있었다. 아, 이곳이 현실인지 전생인지 분간하지 못하고 있다가, 그 와중에 양위탕이라는 말만을 듣고 마음속으로 '건공탕을 요즘 모두 영험한 약이라고 하더니 양위탕이라는 게 지금 어디서 온 것인가.'
>
> ─『일성록』영조 50년(1774) 2월 2일

이 글은 정조가 영조에게 올린 글에 대한 답장입니다. 이 글에 따르면 영조는 신하들과 만나는 중에 의식이 흐려졌습니다. 게다가 어떤 단어를 듣고 그것과 별 관련이 없는 다른 사물을 생각해 내는 등 일관성 없는 사고를 했던 것으로 보입니다. 당시에 왕은 직접 글을 쓰지 않고 담당관에게 말을 받아 적게 했으니 이 기록은 영조의 말을 받아 적은 신하가 최대한 자신이 이해한 대로 쓴 글일 것입니다. 여기서 담당관의 고충을 짐작할 수 있습니다.

둘째로, 영조는 이치에 맞지 않는 명령을 내리고, 그 명령을 잊어버리기도 했습니다.

지난 새벽에 담후가 나타나는 중에 하신 헛소리로 "오늘 진하陳賀하는 신하들은 집경당 뜰에 들어와 예를 행하라"라고 명령하셨는데, 시각은 5경이고 또 진하히는 날도 아니라 백관이 애당초 들어올 일이 없었다 [중략]

다음 날 아침, 신하들이 와서 대령하였다고 우러러 여쭈니, 상께서 말씀하시기를, "이것이 무슨 명령이었는가?" 하여, 좌우가 대답하기를, "분명히 이런 명령이 있었습니다" 하니, 상께서 이르시기를, "이미 모인 신하들을 다시 돌아가게 해서는 안 될 것이다" 하고, 안에서 명령문을 지어 임금이 글을 내리는 예대로 써내도록 하셨다.

- 『일성록』 영조 51년(1775) 10월 14일

진하는 왕에게 기쁜 일이 있을 때 신하들이 모여 축하하는 행사입니다. 그러나 기록에 따르면 이 당시 예정된 진하 행사는 없었습니다. 게다가 영조는 진하 소집 명령을 아침이 되기 불과 몇 시간 전인 5경, 즉 새벽 3~5시 사이에 내렸습니다. 말이 되지 않는 명령이었지만, 왕명이 내려진 이상 신하들은 아침에 궁궐 뜰에 모여 대기해야 했습니다. 문제는 영조가 자신이 명령을 내린 사실을 기억하지 못한 것입니다. 이미 모인 신하들을 허무하게 돌려보낼 수 없었던 영조는 급하게 덕담을 지어 신하들에게 발표하게 했습니다.

셋째로, 영조는 자꾸 날짜를 헷갈리는 모습을 보였습니다. 예를 들어 날짜를 착각하여 설을 이미 지냈음에도 불구하고 설에 내는 글을 쓰기 위해 저술 담당관을 부르는 실수를 하는 식이었습니다. 다행히 나중에 자신의 실수를 깨달았지만, 이 사건으로 자신의 정신이 혼미함을 알고 한탄했습니다.

기록에는 이 외에도 영조가 신하들을 알아보지 못하거나 헛소리

를 하는 등, 치매와 관련된 증상들이 여러 번 발견됩니다.

상[영조]이 내시부 관리 서유린에게 '유시酉時'라는 글자를 쓰라고 명하였으나, 서유린이 알아듣지 못하였다. [중략]
[정조가 말하기를] "경이 다시 초지(유언을 받아 적을 종이)를 뽑아 기다리고 있다는 뜻으로 [영조에게] 보고드려라." [중략]
내가 승지가 들어와 있다고 아뢰자, 상[영조]이 이르기를, "승지가 무엇하러 들어왔단 말인가?" 하였다.
서유린이 아뢰기를, "초지를 뽑아와서 기다리고 있었습니다" 하자 상이 이르기를, "내 정신이 이렇다" 하고, 쓰라고 명하고 무어라고 말씀하셨으나, 알아들을 수 없었다.

ㅡ『일성록』 영조 52년(1776) 3월 4일

영조가 죽기 직전 보인 모습들을 살펴보면 치매의 심각도를 알 수 있는데, 영조가 임종을 맞이할 때 신하들은 왕의 마지막 순간을 함께하기 위해 궁궐에서 대기하고 있었습니다. 하지만 영조는 신하들이 들어왔다는 사실조차 인지하지 못했습니다. 그는 맥락 없이 이상한 글자를 쓰라고 지시하는가 하면, 관리가 유언을 받아적을 종이를 가져왔다고 보고하자, 왜 관리가 들어와 있냐고 되묻기도 했습니다. 게다가 신하들이 기껏 받아 적은 왕의 유언은 이해하기 어려운 언사였던 것으로 보입니다. 그나마 다행인 점은 영조가 자신의 정신이 혼미하다는 것은 인지하고 있다는 점이라고 할 수 있습니다.

이 외에도 영조는 종종 두서없는 명령을 내려 정조와 신하들 사이에 갈등을 일으키기도 했습니다. 정조는 세손 자격으로 직무를 대행하던 시기에, 영조가 이치에 맞지 않는 명령을 내리면 신하들에게 무시하라고 지시했고, 영조 자신도 자신의 명령이 잘못된 것 같으면 이후에 다시 한번 확인하라고 지시했습니다.

그런데 한번은 오늘날의 부총리급인 우의정 홍인한이 영조의 비이성적인 명령을 그대로 전파한 사건이 있었습니다. 앞서 영조가 새벽에 모든 관료를 소집해 놓고 그 사실을 잊어버린 그 사건이었는데, 이에 정조는 홍인한이 왕가를 견제한다고 여겼고, 이후 영조가 죽고 자신이 왕위에 오른 후에 홍인한 가문을 숙청합니다.

어명이라도
이치에 맞지 않으면
무시하래두!

아무리 그래도
어명인데…

영조의 사례를 보면 비록 말이 안 되는 명령이라도, 왕의 명령이기에 신하들은 그것을 기록하고 따를 수밖에 없었을 것입니다. 그리고 갈수록 이해하기 어려워지는 왕의 말을 이해하기 위해 고군분투했을 것입니다. 오죽했으면 영조 자신이나 영조의 직무대행을 맡았던 정조가 모두 영조의 명령을 다시 확인하거나, 필요하다면 무시하라고 지시했을까 싶습니다. 그러나 왕의 명령을 감히 취사선택해야 했던 신하들은 그로 인한 부담과 고생이 가장 컸을 것이므로 그 고초가 쉽게 짐작됩니다.

07

왕은 얼마나 공부해야 했고, 하기 싫으면 어떻게 했을까?

조선시대의 왕은 국정을 운영함에 있어 절대적인 의사 결정자라고 할 수 있는데, 올바른 결정을 내리기 위해서는 많은 양의 공부가 필요했을 것입니다. 그렇다면 조선 왕은 얼마나 공부해야 했고, 하기 싫을 때는 어떻게 했을까요? 왕은 공부를 하기 싫어도 공부를 열심히 할 수밖에 없었습니다. 심지어 몇몇 왕은 오늘날의 수험생들보다 더 많은 시간을 공부에 투자했던 것으로 보이는데, 왕의 업무와 공부가 명확하게 구분되지 않는 경우도 많았습니다.

조선의 왕들은 주기적으로 신하들과 함께 유교 경전을 공부하는 **경연**經筵이라는 자리를 가졌습니다. 경연은 중국 한나라 때 학자들이 황제에게 유교 경전을 강의하는 자리를 만든 데에서 유래한 것으로, 한반도에서는 고려시대부터 경연이 존재했지만 활발하게 시행

경들의 생각은
어찌한가?

된 것은 조선시대에 들어서부터입니다.

조선은 건국 초기부터 경연을 적극적으로 활용했습니다. 유학을 사상적 기반으로 하여 건국된 나라인 만큼 조선의 왕과 신하들은 꾸준히 유교 경전을 공부했습니다. 정책의 계획이나 실행도 유학을 기반으로 하는 경우가 많았고, 경연 중에 정책이 논의되기도 할 정도로 경연은 공부뿐 아니라 국가 통치에도 중요한 역할을 했습니다.

경연이 주로 이루어진 공간은 경연청이었습니다. 언제 지어졌는지는 정확히 알 수 없지만, 정종 때부터 경연청에 대한 기록이 발견됩니다. 또한, 태종 1년(1401)에 경연청을 수리했다는 기록이 있는 것으로 보아, 그 이전에 이미 설치된 것으로 추정됩니다.

경연청은 단순히 경연이 이루어지는 공간만이 아니었습니다. 태종은 경연청을 사신이나 신하들을 만나는 접견 공간으로도 사용했으며, 경연을 자주 열었던 세종 역시 이곳에서 정무를 보았습니다.

경연 중에는 왕과 신하들이 자연스럽게 경전을 인용하며 정무를 논의하기도 했습니다. 이를 통해 조선시대에는 정치와 공부가 엄격하게 분리되어 있지 않았음을 알 수 있습니다.

조선에는 많은 왕이 있었던 만큼, 왕마다 경연에 대한 선호도가 크게 달랐습니다. **태조**는 경연을 매일 열어야 한다는 사간원의 요청을 받아들였습니다. 실제로 매일 열었는지는 확인할 수 없으나 실록에서 경연과 관련된 기록이 열 건 이상 확인됩니다.

세종 대에는 세종 즉위 후 약 20년간 거의 매일 경연이 열렸다는 기록이 남아 있습니다. 이는 학문에 조예가 깊었던 세종다운 자세라고 할 수 있습니다. **성종** 역시 재위 기간에 경연을 자주 열었습니다. 심지어 경연을 하루 세 차례 열기도 하였습니다. 세종보다 더 자주 경연에 나간 것으로 추정되는데, 실록 기록을 보면 성종 대의 경연 관련 기사는 4000여 건에 달하며, 세종 대의 경연 관련 기사도 2000여 건에 이릅니다.

반면 경연을 꺼린 왕들도 있습니다. 대표적으로 조카를 몰아내고 쿠데타로 집권한 왕인 **세조**는 집권 2년 차에 집현전을 없애고 경연을 중단시켰습니다. 강력한 왕권을 다지는 데에 집중한 만큼, 경연에서 나올 수 있는 비판 의견이 못마땅했을 수도 있겠습니다. 다만 왕이 공부하지 않는다는 세간의 비판을 의식하긴 한 걸로 보이는데, 세조는 유학의 성인인 요왕, 순왕, 주공도 경연을 열지 않았으며, 경연은 송나라 사람들이 만든 제도에 불과하다고 폄훼했습니다. 심지어 오늘날의 국가보훈부와 비슷한 기관인 충훈부에 잔치를 열게 하면서 그 잔치 이름을 경연慶宴이라고 정했습니다. 동음이의어로 말장난하기를 좋아하는 세조의 성격을 미루어 볼 때, 경전 공부를 폄훼하기 위한 지시였을 가능성도 있습니다.

다음으로 폭군의 대명사로 알려진 **연산군** 역시 경연을 폐지했습니다. 그런데 연산군은 세조와 달리 초창기에는 어느 정도 경연에 참여했습니다. 아마도 그의 아버지 성종이 조선 역사상 가장 경연

에 많이 참여한 왕인 만큼 관습을 무시하기 어려웠던 것으로 보입니다. 그러다가 연산군은 집권 2년 차부터 경연에 드문드문 참여하기 시작했고, 집권 10년 차(1504)에는 자신의 건강 문제와 할머니 인수대비의 사망을 이유로 경연을 일시 중단했습니다. 그리고 경연에서 왕에게 비판적인 의견을 제시한 신하들, 예를 들어 이극균과 김천령 등에게 곤장 등 무거운 처벌을 내리기 시작합니다. 결국 몇달 후 왕은 "나의 학문이 다 이루어졌으니 더 이상 공부할 필요가 없다"라고 말하며 경연을 완전히 중단했습니다.

광해군도 경연을 좋아하지 않았던 왕입니다. 세조나 연산군처럼 경연을 완전히 폐지하지는 않았지만, 국가에 큰 행사가 있다거나 몸이 좋지 않다는 이유로 둘러대며 경연에 자주 결석했습니다.

한편 사관에게 경연에 오지 못하게 한 왕들도 있었습니다. 조선은 사관들이 철저하게 기록을 남긴 나라로 알려져 있지만, 일부 왕은 사관이 기록을 남기지 못하게 막기도 했고, 사후에 기록을 검열하기도 했습니다. 경연 자리에 사관들이 오지 못하게 한 것도 이러한 조치 중 하나였습니다. 경연은 왕과 신하들이 단순히 공부를 하는 자리가 아니라 중요한 정치적 결정을 내리는 자리이기도 했습니다. 그러므로 사관들이 경연에 참석하지 못할 이유가 없었음에도 왕들은 사관들의 경연 참여를 꺼렸습니다. 경연에서 나오는 내밀한 이야기나 문제가 될 발언이 외부에 공개되는 것을 방지하려는 의도였을 것입니다.

그래서 경연을 시작한 제1대 왕 태조는 사관의 경연 참여를 불허했습니다. 제2대 왕 정종 때 사관이 처음으로 경연에 참여했으나, 제3대 왕 태종은 즉위 직후 다시 사관의 경연 참여를 금지했습니다. 제4대 왕 세종 역시 즉위 후 6년이 지나서야 사관들이 경연에 들어오게 하다가 일시적으로 사관들의 경연 참여를 제한하기도 했고,

사관은 참여를
불허한다.

엇

경연장

다음 왕인 문종 역시 사관의 참여를 거부했습니다. 사관들이 경연에 다시 참여할 수 있게 된 시점은 그 후 20여 년이 지난 성종 대로 추정됩니다.

이를 보면 성군으로 알려진 왕이든 그렇지 않은 왕이든 사관을 껄끄럽게 생각했던 것을 알 수 있고, 경연 자리에서 왕이 공개하고 싶지 않은 중요한 이야기가 오갔음을 추정할 수 있습니다.

08

태조가 아닌 왕들의
묘호는 왜 '조'로 끝날까?

우리는 옛날 왕들을 태조太祖, 세종世宗, 정조正祖와 같이 '조祖'나 '종宗'으로 끝나는 이름으로 부릅니다. 그런데 이 같은 칭호는 왕의 이름이 아니라 **묘호**입니다. 묘호는 왕이 죽은 후, 왕의 업적을 다음 왕대에서 왕과 신하들이 평가하여 올리는 이름입니다. 즉 묘호는 오직 왕만이 가질 수 있는 이름이지만, 당사자가 죽은 후에 내리는 평가가 반영된 칭호이므로 왕도 생전에는 묘호를 가질 수 없었고, 본인이 어떤 묘호를 받게 될지 알 수도 없었습니다. 또한 반란으로 폐위당한 왕은 왕으로 인정받지 못했으므로 묘호가 없었습니다. 따라서 연산군과 광해군은 묘호가 없으며, 왕자의 칭호인 연산군, 광해군으로 불리는 것입니다.

다만 원칙적으로 변경되지 않는 묘호가 있습니다. 바로 나라를 건국한 초대 왕에게 주는 묘호입니다. 이 묘호는 몇몇 예외를 제외하고 '태조'로 고정되어 있습니다. 그리고 묘호를 만드는 원칙에 따르면 초대 왕 태조 이외의 왕들에게는 '조'를 붙일 수 없고, 초대 왕보다 한 급 낮은 '종'이라는 칭호를 붙이게 되어 있습니다.

그런데 역사에는 태조 이외에도 '조'가 붙은 묘호를 받은 왕들이 존재합니다. 세조, 선조, 인조, 순조, 영조, 정조가 이에 해당하는데, 태조가 아닌 이들이 어떻게 '조'가 붙은 묘호를 갖게 되었을까요?

이는 후대 사람들이 묘호를 설정하는 원칙을 깨고 이 왕들의 업적이 높다고 판단하여 붙인 것입니다. 가령 세조의 묘호는 그의 다음 왕인 예종이 붙여 주었습니다. 예종은 세조가 사실상 나라를 다시 건국한 수준의 업적이 있다고 보았고, '종'이 아닌 '조'를 사용할 것을 강권하여 아버지의 묘호를 세조로 정했습니다.

그리고 임진왜란 당시 왕이었던 선조의 묘호는 원래 '선종'이었으나, 다음 왕이었던 광해군이 광해 8년(1616)에 '선조'로 묘호를 올렸습니다. 이렇게 추후에 묘호를 올리는 것을 **추상존호**追上尊號라고 하는데, 광해군은 선조가 명나라 사서에 잘못 기록된 태조 이성계의 기록을 바르게 교정했고, 임진왜란을 극복했으므로 묘호를 높인다고 밝혔습니다.

인조의 묘호는 다음 왕인 효종이 정했습니다. 원래 효종은 인조의 묘호를 '열조烈祖'로 하려 했는데, '열조'는 중국 역사에서 반란을 일으켜 남당을 건국한 황제 서지고徐知誥의 묘호와 겹쳐서 부정적인 의미가 담길 수 있다는 우려로 묘호를 '인조'로 변경하였습니다.

순조의 묘호도 원래 '순종'이었으나 추후에 '순조'로 올려졌습니다. 그러나 순조의 묘호는 다음 왕인 헌종이 아니라 그다음 왕인 철

우리 아버지는 역사책을 잘 교정하였고
왜란을 잘 극복하였으므로
종이 아니라 조를 수여합니다.

종 대에 변경되었습니다. 묘호를 올린 주요 근거는 순조가 천주교를 배척하고 홍경래의 난을 진압한 업적을 기리기 위함이었습니다.

영조와 정조의 묘호는 원래 각각 '영종'과 '정종'이었습니다. 두 왕의 묘호는 한 세기쯤 지난 고종 대에 조로 올려졌는데. 영조의 묘호는 고종 27년인 1890년에, 정조의 묘호는 대한제국이 세워진 후인 고종 36년(1899)에 바뀌었습니다. 이는 모두 고종이 왕권 강화를 위해 추진한 것으로 볼 수 있습니다.

이상의 사례를 보면, 조선은 묘호에 '조'와 '종'을 쓰는 기준이 엄격하지 않았고, 다음 왕이나 후세 사람들의 평가, 또는 정치적 필요에 따라 묘호가 변경되는 경우도 많았음을 알 수 있습니다.

그런데 사실 조선 왕들은 원칙적으로 묘호를 가질 수 없었습니다. 묘호는 동아시아 예법상 천자국, 즉 황제 국가의 왕에게만 부여될 수 있는 칭호였기 때문입니다. 당시 조선은 명나라와 청나라의 제후국으로 외교적으로는 황제 국가에 예속된 상태였기에 묘호를 공

선왕은 조? 종?
고민이로다.

식적으로 사용할 수 없었습니다. 그러나 조선은 명나라와 청나라의 눈을 피해 묘호를 사용했습니다. 이와 관련해 조선에서 간행된 여러 서적에 조선 왕의 묘호가 기록될 정도로 공공연하게 사용된 것을 보면, 명나라나 청나라도 조선이 묘호를 사용하고 있다는 사실을 알았을 가능성이 매우 큽니다. 다만 명과 청은 이 문제를 사소한 것으로 간주하여 용인했던 것으로 보입니다.

무엇보다 조선은 공식 외교 문서에서는 왕의 묘호를 사용하지 않았습니다. 예컨대 태조 이성계는 중국으로 보내는 외교 문서에서 '태조'라는 묘호 대신 '강헌왕康獻王'으로 표기되었습니다. 이런 식으로 국내에서는 묘호를 쓰면서 외교 문서에는 묘호를 쓰지 않은 나라로 조선과 베트남 등이 있습니다.

중국으로 보낼
문서이니
이름을 고쳐야겠군.

2부

보면 볼수록 흥미로운
조선 왕실 이야기

09

왕은 궁 밖으로
얼마나 자주 나갔을까?

사극을 보면 왕이 양반들의 평상복인 미복微服을 입고 궁궐 밖을 돌아다니는 장면이 자주 나옵니다. 주로 사냥을 나가거나 산책, 여행을 하는 모습도 자주 그려지는데, 실제로도 왕은 자주 궁궐 밖으로 나갈 수 있었을까요?

결론부터 말하면 그렇지 않았습니다. 조선 후기 왕이 행차하는 양상을 분석한 연구에 따르면 왕이 궁궐 밖으로 나가는 일은 매우 제한적이었습니다. 정부 공식 기록을 보면 17~18세기 왕이 궁궐 밖으로 나간 횟수는 연평균 4회에서 10회 정도로 인조와 현종, 숙종, 경종 모두 연평균 열 번을 넘지 않았고, 특히 인조는 다섯 번도 되지 않습니다.

그나마 궁을 나가는 때도 중국에서 온 사신을 맞이하거나 접대하

기 위해 행차하는 경우가 대부분이었는데, 효종 때는 외출의 약 70퍼센트가, 현종 때는 약 42퍼센트가 사신 접대를 위해 이루어졌습니다. 그리고 사직제나 종묘제 등 왕이 반드시 참석해야 하는 중요한 국가 의식을 위해 행차하는 경우도 많았습니다. 즉 왕은 사실상 공적인 행사 목적이 아니면 궁궐 밖으로 거의 나가지 않았다고 볼 수 있습니다. 다만 예외적으로 현종의 경우 병 치료를 위해 온양온천에 다섯 번, 총 40일 동안 장기간 행차했습니다.

그런데 다른 왕들과 달리 영조와 정조는 다양한 이유로 행차했는데, 영조는 궁 밖으로 연평균 17회, 정조는 연평균 25회를 나갔습니다. 이전 왕들과 비교하면 그 횟수가 상당히 늘어난 것을 알 수 있습니다. 임금의 행차 횟수가 많아진 것은 백성들이 왕을 직접 볼 기회가 늘어났음을 의미합니다.

그렇다고 영조와 정조가 마음대로 궁궐 밖을 여행한 것은 아닙

정조의 화성 행차 모습을 묘사한 〈화성원행반차도〉 중 정조가 탔던 백마를 그린 부분. 임금의 모습을 그리지 않았던 전통에 따라 빈 안장으로 묘사되었다. (ⓒ국립중앙박물관 소장)

니다. 두 왕이 외출한 가장 큰 이유는 각종 행사를 진행하기 위해서였습니다. 영조는 재위 기간 동안 총 909회 행차했는데, 그중 종묘에 제사를 지내러 간 횟수가 119번, 왕릉에 제사를 지내러 간 횟수가 78번이었습니다. 정조는 총 607회 행차했으며, 그중 왕릉에 제사 지내러 간 횟수가 123번, 종묘에 제사를 지내러 간 횟수가 44번이었습니다.

영조와 정조 대에는 행차 이유도 다양해졌습니다. 두 왕 대에는 이전과 달리 왕실 인물들의 생가나 사가, 사당에 행차하는 사례가 처음 생겼고, 그 횟수가 많았기 때문입니다. 영조가 왕실 관련 건물에 행차한 사례는 197번, 정조가 왕실 관련 건물에 행차한 사례는 296번입니다. 이 중 영조는 자신의 생모 사당이나 사도세자의 생모 사당을 방문하는 등, 이전에 왕실이 적극적으로 챙기지 않았던 인물들을 찾기도 했고, 입궁하기 전 살던 집을 방문하기도 했습니다.

이상의 사례는 모두 실록 등에 공식적으로 기록된 일들입니다. 그렇다면 사극에서처럼 왕이 신하들 몰래 궁에서 빠져나가 잠행한 적은 없을까요? 기록이 많이 남아 있지 않아 사실 확인은 어렵지만, 거의 없었을 가능성이 큽니다.

우선, 왕이 미복을 입고 백성과 격 없이 만났다는 이야기는 주로 진위를 확인할 수 없는 야사에 등장합니다. 또한 실록 등 공식 기록에서는 왕이 미복을 입고 몰래 나가는 일을 긍정적으로 보지 않았습니다. 가령 『연산군일기』에 따르면 연산군은 밤에 미복 차림으로 몰래 자신이 총애하는 신하 임사홍의 집에 찾아갔는데, 이때 임사홍은 울면서 연산군의 어머니, 폐비 윤씨 사건 관련자들을 처벌해야 한다고 주장했습니다. 그 말을 들은 연산군은 윤씨를 모함했다는 두 귀인을 죽였고, 임사홍은 그 공로로 공조참판이 되었다고 합

니다. 또한 기록에 따르면 연산군은 미복 차림으로 밤에 경회루에 올라가 수많은 등을 켜고 잔치를 벌였는데, 그 비용이 무려 1만 냥이나 되었다고 합니다. 그 가치를 현대의 돈으로 환산하기는 어려우나 대략 4억 원 정도로 추정할 수 있으니 꽤 사치스러웠다고 할 수 있습니다.

이처럼 공식 기록은 왕이 밤중에 미복을 입고 잠행하는 일을 부정적으로 묘사했습니다. 또한 왕이 이렇게 몰래 다니다 보면 경호상 문제가 발생할 수 있었을 것입니다. 그래서 설령 왕이 궁 밖으로 몰래 나갔다 하더라도 자주 나갈 수는 없었을 것으로 보입니다.

10

옛날에는 시집살이가 심했다고 하던데, 공주들도 시집살이를 했을까?

조선은 사회적 지위나 권리에서 남자를 여자보다 우대하고 존중하는 남존여비 사회였습니다. 남편을 따르고 시부모를 모시는 것이 여성의 도리로 여겨졌는데, 이 과정에서 남편의 가족들에 맞춰 살아가며 여러 어려움을 겪었고, 이를 시집살이라고 했습니다. 그렇다면 조선시대 공주처럼 신분이 높은 여성들도 시집살이를 했을까요?

정부 문서나 왕실 문서를 포함한 조선시대 기록 대부분은 남성 위주로 기록되어 있어 여성들의 삶에 대한 기록은 찾아보기 어렵습니다. 그러나 그 틈새를 들여다보면 여성들의 삶이 어떠했는지 추측할 수 있는 사료들이 일부 남아 있고, 공주들의 삶 역시 『조선왕조실록』 등에 약간이나마 기록되어 있습니다. 조선에서는 '공주公主'와 '옹주翁主' '군주郡主' '현주縣主'의 호칭을 엄격히 구분했지만, 여기서는 이들을 모두 현재 개념의 '공주'로 보고 이들이 시집가서 어떤 삶을 살았는지를 살펴보겠습니다.

조선시대에는 공주들이 왕실 가족과 결혼할 수 없었습니다. 고려 시대에는 왕족 간 결혼이 일반적이었지만 명나라의 법률인 명률을 따르는 조선은 이를 엄격히 금지했기 때문입니다. 다만 명나라처럼 같은 성씨 간 결혼까지 모두 막지는 않았고, 본관이 다르면 같은 성이라도 결혼할 수 있도록 허락했습니다. 그래서 조선의 공주들은 다른 집안에 시집을 갈 수밖에 없었습니다.

공주와 결혼한 공주의 남편들, 즉 의빈儀賓들은 높은 지위를 보장 받았습니다. 왕실로부터 벼슬을 받았으며 생활에 어려움이 없도록 각종 지원을 받았는데, 예컨대 선조의 아내인 인목대비는 자신의 딸 정명공주의 결혼식 때 사위에게 왕이 타는 말을 쓸 수 있도록 해주었고, 정명공주에게는 세금을 걸을 수 있는 토지인 궁방전宮房田

내 딸을
잘 부탁하네.

을 주었습니다. 다만 왕실 외척의 득세를 방지하는 조선의 법에 따라 의빈들이 받은 벼슬은 주로 명예직이나 실권이 없는 직책이었습니다.

이처럼 의빈들은 왕의 사위로서 지위를 누렸지만, 혹여라도 공주에게 잔혹하게 행동할 경우 본인은 물론 집안까지 무사하기 어려웠습니다. 가령 중종의 딸 효정옹주는 난산 끝에 나흘 만에 안타깝게 세상을 떠났는데, 효정옹주의 남편 조의정이 아내가 위독한 사실을 숨겼다는 혐의를 받았습니다. 그 소식을 들은 중종은 즉시 조의정을 가두고 고문을 동반한 심문을 진행했습니다. 그리고 심문 과정에서 조의정은 출산 후에 외할머니를 집으로 불러 달라는 아내 효정옹주의 청을 들어주지 않았고, 여종을 첩으로 삼아 효종옹주를 박대하고 첩만 아꼈으며, 효정옹주가 위독해지자 뒤늦게야 병세를 알렸다고 자백했습니다. 또한 심문 끝에 일전에 왕명을 위조하고

왕이 내린 글을 버린 사실까지 모두 고했습니다.

조의정의 심문을 담당한 의금부는 중종에게 조의정을 칼로 베어 죽이는 형벌에 처할 것을 건의했습니다. 고심하던 왕은 조의정의 벼슬을 빼앗고 귀양을 보내 공주의 제사를 이어 가라고 지시했습니다. 이후 조의정의 집안은 빠르게 가세가 기울었는데, 사정이 어려워 효정옹주의 상을 이어 가기 어렵다고 알리자 왕이 제사 비용을 지원하기도 했습니다. 이처럼 공주와의 혼인은 큰 경사인 만큼 큰 책임이 따랐다는 것을 알 수 있습니다.

하지만 공주라고 하여 시댁에서 마음대로 살 수 있었던 것은 아닙니다. 혼인할 때 공주 역시 시부모에게 여덟 번 절하는 것이 예법이었고, 평생 남편의 아내로 살다가 남편이 죽은 후에는 수절도 해야 했습니다. 심지어는 남편을 따라 죽은 공주도 있었는데, 영조의 딸 화순옹주는 남편 김한신이 병으로 세상을 떠나자 스스로 식사를

제발 한 입만 먹어 보거라.

지아비를 잃은 아녀자가 어찌…

도리 도리

끊고 죽기로 결심합니다. 이 소식을 들은 영조가 직접 행차하여 딸에게 약을 권하기까지 했으나 화순옹주는 약을 억지로 토하면서까지 뜻을 굽히지 않았고, 결국 남편이 죽은 지 13일 만에 세상을 떠났습니다.

또한 공식 기록은 아니지만 모진 시집살이를 한 공주의 기록도 남아 있습니다. 조선 후기 문신 심노숭이 쓴 『자저실기』에 따르면 시집간 숙정공주가 무릎을 꿇고 시아버지의 머릿니를 잡아 주었다고 합니다. 보다 못한 하녀가 이를 궁궐에 보고했고, 숙정공주의 아버지 효종은 화를 내다가도 끝내 "남의 며느리인데 어쩔 수 없다"라고 하며 포기했다고 합니다. 그런데 이는 아주 예외적인 상황이었을 것으로 여겨집니다. 기록을 남긴 심노숭조차 이 이야기를 믿기 어렵다고 언급했기 때문입니다. 시집간 공주가 일반적으로 이렇게 푸대접받지는 않았을 것으로 추측됩니다.

하지만 남편의 집안이 어려워지거나 역모에 휘말리면 공주도 같은 운명을 피할 수 없었습니다. 문종의 딸인 경혜공주의 사례를 보면, 세조가 단종의 왕위를 빼앗는 반정을 일으키자 경혜공주의 남편 집안 전체가 큰 타격을 입었습니다. 경혜공주의 남편은 단종과 친밀하다고 여겨져 주요 감시 대상이 되었고, 결국 전라도에 유배 보내진 뒤 반역죄로 사형당했습니다. 이때 남편과 함께 유배길에 오른 경혜공주는 남편이 사망한 직후 딸을 출산한 뒤 머리를 깎고 비구니가 되어 가난한 삶을 살았습니다.

남존여비 사상이 강했던 조선 사회에서 공주는 결혼 후에도 비교적 대우를 받았을 것으로 보입니다. 하지만 조선 사회의 아내 역할에서 완전히 벗어나 자유로울 수는 없었던 것 같습니다.

공주와 옹주는 어떻게 다를까?

조선시대 왕실 자녀들의 칭호는 성별과 부모의 신분에 따라 달랐습니다. 남자의 경우 왕위를 계승할 아들은 '세자世子' 그 외 왕의 아들은 '대군大君' 이라 했습니다. 그리고 세자나 다른 왕자의 아들은 '군君'으로 불렸습니다.

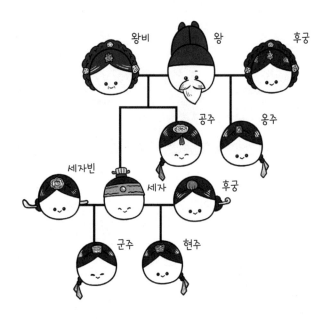

여자의 경우 칭호는 더 세분되어 왕과 왕비 사이에서 태어난 딸은 '공주' 라 불렸으며, 이 단어는 우리가 흔히 아는 공주와 같은 한자를 씁니다. 한 편 왕과 후궁 사이에서 태어난 딸은 '옹주'로 칭했고, 세자와 정식 부인인 세자빈 사이에서 태어난 딸은 '군주', 세자와 후궁 사이에서 태어난 딸은 '현주'라 불렸습니다.

11

우리나라 최초의 배달 음식은

뭐였을까?

한국의 배달 시장 규모는 엄청나게 큽니다. 이제 조리된 음식은 기본이고 요리 재료, 밀키트, 술이나 각종 가공품, 가구 같은 고가품까지 당일 배송이 가능한 시대가 되었습니다. 그렇다면 배달 강국 한국에서 처음으로 배달된 음식은 무엇이었을까요?

응경과 손을 잡고 나갔다. 예조 직방(관청 대기실)에 이른 후에 냉면을 불러 먹었다.

– 『이재난고』 영조 44년(1768) 음력 7월 7일

배달과 관련된 기록은 희소하지만 조선 후기의 유학자 황윤석의 일기인 『이재난고頤齋亂藁』에 중요한 기록이 존재합니다. 관청 대기실 내지 숙직실인 직방에서 냉면을 먹었다는 짧은 기록으로, 이에 따르면 기록상 한국 최초의 배달 음식은 냉면입니다. 기록이 짧아 배달이 어떻게 이루어졌는지는 정확히 알 수 없지만, 직방에는 조리도구가 없었을 테니 누군가 음식을 가져온 것만은 분명해 보입니다.

『이재난고』에 기록된 이 짧은 사례는 음식 배달 사례가 기록된 세계 최초의 기록으로 여겨지기도 합니다. 또한 늦여름이나 초가을에 해당하는 음력 7월에 차가운 음식인 냉면을 시켜 먹을 수 있었다는 사실에서 당시 조선에 국물을 차갑게 만들 수 있는 냉각 시설이 있었음을 추정할 수 있습니다.

좀 더 상세한 배달 음식 이야기는 고종 때 영의정을 지낸 문신 이유원의 『임하필기』에 등장합니다.

순조가 재위 초기 한가로운 밤이면 매번 군인 및 선전관(왕명 전달, 경호 등을 담당하는 무관)들을 불러 함께 달을 감상했다. 어느 날 밤 문뜩으로 군인에게 냉면을 사 오라고 명한 후에 말했다. "너희들과 냉면을 먹고 싶다." 한 사람이 스스로 돼지고기를 사 왔다. 임금이 어디에 쓰려고 샀냐고 묻자, 면에 섞어 먹으려 한다고 대답했다. [왕이] 여기에 아무 말도 하지 않았고, 면을 나눠 줄 때 돼지고기를 사 온 자만 제쳐 두고 말했다. "그는 혼자 먹을 것이 있다."

– 『임하필기』 제29권 「춘명일사」 중 「근심감계」

19세기 초에 재위한 왕 순조와 궁궐을 지키던 무관들의 이야기입니다. 기록에 따르면 어느날 순조가 밤중에 무관을 시켜 냉면을 사 와 무관들과 함께 나눠 먹었습니다. 와중에 무관 한 명이 자신이 먹을 돼지고기만 따로 사 오자, 순조는 그 무관에게만 냉면을 나눠 주지 않았다고 합니다. 순조의 좁은 속을 여실히 엿볼 수 있는 재미있는 일화입니다.

이 일화에 등장하는 음식은 엄밀히 말해 배달 음식이 아니라 무관이 가져온 '포장 음식'에 가깝지만, 여기에서 조선의 식문화를 추론해 볼 수 있습니다.

우선 당시에도 한밤중에 냉면과 돼지고기를 파는 곳이 있었다는 사실을 알 수 있는데, 이는 아무래도 인구가 많고 번화한 궁궐 근처라 가능했을 수 있습니다. 또한 냉면이 『이재난고』와 『임하필기』에 모두 등장하는 것으로 보아 그 당시에도 인기가 높은 음식이었을 것으로 추정됩니다. 국물과 면을 빠르게 준비할 수 있는 냉면은 비교적 배달하기 쉬운 음식이었기 때문에 가능한 일이었을 것입니다.

냉면만큼 유명한 배달 음식으로는 **효종갱**曉鐘羹이 있습니다. '새벽 종이 울릴 때 먹는 국'이라는 뜻을 지닌 효종갱은 새벽 무렵에 양반가에 배달하던 해장국입니다. 효종갱은 최영년이 조선의 역사와 세시풍속을 기록한 1925년도 문집인 『해동죽지』에 등장하는데, 출간 시기를 고려하면 조선 초기의 배달 음식이라 보기에 어려운 부분이 있지만 조선 후기부터 먹었을 것으로 보입니다.

기록에 따르면 효종갱은 배추속대, 콩나물, 표고버섯, 소갈비, 양

지머리뼈, 해삼, 전복, 토장을 넣어 만들었다고 하고, 남한산성 일대인 광주성에서 주로 팔았는데, 솜에 싸인 국 항아리를 짐꾼이 지고 저녁에 출발하면 다음 날 새벽에 도성의 양반가에 도착할 때까지 따뜻하게 유지되었다고 합니다. 밤새 술을 마셔 취한 양반가 사람들이 새벽에 도착한 따뜻한 국 한 그릇으로 해장하는 모습을 상상해 볼 수 있습니다.

12

궁에는 사람이
몇 명 정도 살았을까?

조선 궁궐은 왕과 왕비, 왕대비와 후궁, 세자와 세자빈이 거주했고 고위 신하들이 드나들며 국가를 통치하던 핵심 공간이었습니다. 이들을 보좌하고 경호하기 위해 매일 수많은 사람이 궁궐을 드나들었고, 궁녀처럼 궁궐에서 살면서 왕실의 수발을 드는 인원도 많았습니다. 여기서 주제의 의문이 생기는데, 궁궐에서 살던 사람은 몇 명이나 되었을까요?

18세기, 그중 관련 기록을 쉽게 찾을 수 있는 영조 대에서 모든 궁궐이 아닌 왕이 거주한 본궁을 기준으로 설명해 보겠습니다. 이때는 임진왜란으로 불탄 경복궁이 복구되기 전이었으므로 왕이 주로 거주하던 본궁은 창덕궁이었으며, 경희궁도 자주 사용되었습니다.

궁궐에 거주했던 사람으로는 우선 왕과 왕의 직계 가족이 있었습

니다. 이들은 궁에서 가장 중요한 사람이었지만 그 수가 적어 궁에 상주하는 인원은 열 명이 채 되지 않는 경우가 많았습니다.

다음으로 왕족들을 수발한 내시와 궁녀들이 있었습니다. 이 중 궁녀들은 모두 궁궐에 상주했지만 내시들은 숙직할 때를 제외하면 궁궐에 거주하지 않았습니다. 그러나 내시 대부분이 궁궐 인근에 장기간 모여 살았으므로 이들도 사실상 궁의 상주 인원으로 볼 수 있습니다.

이 외에도 궁에는 궁을 경호하는 군인들이 있었지만, 군인들은 일반적으로 숙직하거나 근무할 때를 제외하면 궁궐에 상주하지 않는 경우가 많았습니다. 또한 군인들은 궁궐 경호와 수도 방어를 함께 담당했기 때문에 궁궐 경호 병력과 수도 방어 병력을 정확히 나누기 어렵습니다. 따라서 군인 수는 이번 계산에서 제외했습니다.

우선 영조 대 기록을 보면 궁궐에 거주하던 궁녀의 수는 대략

600여 명이었습니다. 이익의 『성호사설』에도 영조 대 궁녀의 수가 684명이었다고 기록되어 있습니다. 그리고 고종 대에도 왕과 왕비, 왕대비가 각각 100명 이하의 궁녀를 데리고 있었다는 기록이 있습니다. 이 숫자는 세자와 세자비에게 딸린 궁녀를 제외한 수입니다. 따라서 19세기 말까지 왕실 가족과 궁녀를 합하여 대략 600여 명이 궁궐에서 실제로 거주하는 인원이었다고 추정할 수 있습니다.

다음으로 내시의 숫자는 조선의 법전인 『경국대전』에 약 140명 내외로 기록되어 있습니다. 한편 『성호사설』에 따르면 영조 대 내시의 수는 335명이었다고 하므로, 내시의 숫자는 대략 140명에서 340명 정도로 추정할 수 있습니다. 즉 궁녀와 내시를 합쳐 총 700명에서 1000명 정도가 궁궐에서 살거나 궁궐 가까이 살면서 실무를 담당한 인원이었다고 추산할 수 있습니다.

이 외에도 궁에는 각종 업무 때문에 궁궐을 수많은 사람이 드나

조선 궁중 문화의 숨은 주역들

내시
140~
340명

궁녀
약 600명

들었습니다. 이들은 신분을 확인하기 위해 남자는 신부信符, 여자는 한부漢符라는 표찰을 착용했습니다. 여기서 신부와 한부는 오늘날의 출입증이나 사원증에 해당하는 것으로, 각 관서의 하위 종사자, 수행원, 관리인, 공납인 등 관직이 없는 이들은 궁에 드나들 때 의무적으로 착용했습니다.

『속대전』에 따르면 발급 가능한 신부는 최대 175개, 한부는 최대 235개였습니다. 그러다 정조 대에 편찬된 법전 『대전통편』에서는 신부가 465개, 한부가 565개로 늘어났습니다. 다만 관직을 상징하는 모자인 사모, 각대를 착용하는 문관과 무관 들은 복장이 신분을 명확히 보여 주므로 별도의 표찰을 착용할 필요가 없었습니다. 또한 관료들은 각자 신분증 역할을 하는 호패를 가지고 있었으므로 필요하다면 호패를 통해 신분을 확인할 수 있었습니다.

그런데 만약 화재가 발생하는 등의 급박한 상황이라면 어땠을

까요? 불이 커져서 궁궐 바깥에 있는 사람들까지 긴급히 소집해야
할 때는 표찰을 일일이 나눠 주기 어려웠습니다. 이 경우, 왕명을
담당하는 승지들이 자신의 신분증인 아패牙牌, 상아로 만든 호패를 들고
나가 사람들을 모아 온 뒤 표찰 확인 없이도 궁궐에 들어올 수 있
었습니다.

13

예의 바르게 왕을
비판하는 방법은?

사극에는 신하가 궁궐 바닥에 꿇어앉아 왕에게 주저 없이 날 선 비판을 하는 장면이 자주 등장합니다. 이 때문에 실제로도 신하들이 목숨을 걸고 왕에게 쓴소리를 했다고 생각하기 쉽지만, 사실 조선의 신하들이 왕을 강력하게 비난하는 경우는 드물었습니다. 훌륭한 상소라 알려진 글들은 보통 왕에게 예를 갖추었고, 경전이나 위인의 고사를 인용해 내용을 꾸몄습니다. 물론 그 내용은 날이 서 있었으므로 상소를 읽고 분노한 왕이 상소를 올린 신하를 처벌하려 하기도 했습니다. 그중 유명한 상소 중 하나가 바로 정경세의 상소입니다.

왕위에 오른 광해군은 즉위 직후 전국에 명령을 내려 통치에 도움이 되는 의견을 구합니다. 이때 당시 대구 부사였던 정경세가 상소문을 올립니다. 상소의 요지는 광해군이 추진하는 정책에 대한 전면적인 비판이었습니다. 상소에서 그는 지금이 임진왜란 피해를 복구 중인 가난한 시기이니 사치를 줄여야 한다고 말하며, 왕이 복장을 검소하게 하고, 진상품을 줄이며 궁궐 공사를 멈추고 선조의 왕비 의인왕후의 능도 검소하게 조성해야 한다고 간언했습니다. 이와 함께 인사정책이 잘못되어 왕이 이조판서를 잘못 등용했다고 비판했으며, 왕이 경연에도 꾸준히 참석해야 한다고 조언했습니다.

재정, 인사, 생활 등 모든 영역에서 뼈아픈 비판을 하는 정경세의 상소를 읽은 광해군은 크게 분노합니다. 왕은 상소에 선왕 선조를 매도한 내용이 있음을 구실로 삼아 정경세를 심문하고 죽이려 하지만, 심문을 책임지는 부서인 의금부를 비롯해 여러 신하들이 나서서 정경세를 두둔했습니다. 결국 광해군은 정경세의 처벌을 관직 삭탈과 경력 말소로 그쳐야 했습니다. 이후 얼마 지나지 않아 정경

정경세 이놈을 당장 끌고 오너라!

세는 복직하여 관직 생활을 이어 갈 수 있었습니다.

광해군이 이렇게 분노할 정도의 상소는 과연 얼마나 험악했을까
요? 실제로 보면 오히려 죄인이 왕에게 용서를 간청하는 수준의 겸
손한 말로 이루어져 있습니다.

(왕께서 의견을 구하신 명령을 보니) 글에 정성이 간곡하였고, 백성
을 걱정하고 나라를 보존하려는 뜻이 피를 머금은 진심에서 나
와 글 밖에까지 흘러넘쳤습니다. [중략] 옛 관습에 따라 그럭
저럭 때우며 눈앞의 것에만 구차히 안주하려 하지 않는 성대한
마음을 지니고 계신 줄을 알았으니, 아! 위대합니다.

다만 생각건대 신의 어리석고 충성스러운 마음에서 격발되어
나온지라, 말이 투박하고 직설적입니다. 그리고 고귀한 근신
[왕 주변 신하들]을 거스르고 범했으며, 현재 용납되지 않는
언행을 거론했습니다. 죄가 죽어 마땅합니다. 신은 하늘을 우
러러 바라보며 지극히 격렬하고도 두려운 감정을 감당할 수 없
어 삼가 죽음을 무릅쓰고 아룁니다.

– 『광해군일기 중초본』 광해 즉위년(1608) 5월 2일

왕에 대한 전면적인 비판을 담고 있지만 상소문의 어투는 죄인이
왕을 찬양하며 자신의 잘못을 뉘우치는 듯한 모습입니다. 왕을 나라

를 진심으로 다스리려는 훌륭한 인물로 칭송하며 자신은 부족하고 쓸모없는 자라고 겸손하게 표현하고, 자신의 주장이 죄가 되니 죽어 마땅하다고 합니다. 이렇게 비판이 날카로울지언정 신하의 예를 철저하게 지킨 글을 올렸기에 다른 신하들이 "예를 어기지 않았고 진솔하게 의견을 전했다"라며 정경세를 두둔할 수 있었던 것입니다.

물론 이렇게 공손한 상소만 있던 것은 아닙니다. 조선 말기의 유학자 최익현은 1876년 강화도조약에 반대하기 위해 도끼를 들고 상경하여 고종에게 상소를 올렸습니다.

대략 세어 보아도 (화친에는) 다섯 가지 폐단이 있으므로 신은 청컨대 죽음을 무릅쓰고 조목조목 열거하겠습니다. 바라건대 주상께서는 방도를 찾아보십시오. [중략] 생각건대 전하의 뜻이 (저들은 양인이 아니고 왜인이며, 옛날과 같은 우호 관계를 맺는 것뿐이라는 내용)에 있지 않을까 합니다. 그러나 신의 우매한 소견으로는 전혀 그렇지 않습니다. [중략] 만일 그러하시지 않는다면 신은 당장 강토 안의 사람들이 금수로 몰락함을 보게 될 것이므로 [중략] 바라옵건대 이 도끼로 신에게 엄한 형벌을 내려 신으로 하여금 지하로 돌아가 두 성왕[우임금, 공자]을 모시게 하여 주신다면 이 또한 조정의 큰 은혜이겠습니다.

최익현의 상소는 '도끼를 들고 궁궐에 엎드려 화친에 반대하는 상소'라는 뜻에서 「지부복궐척화의소丙子持斧伏闕斥和議疏」라고 불립니다. 이 글은 존대하기는 하지만 어투가 직설적입니다. '전하께서 방도를 찾아보라'라고 하거나 '전하의 생각은 틀렸다'라고 직접적으로 말하고, 끝에는 저승에서 돌아가신 위인들을 모시고 살 테니 '의견을 수용하지 않으려면 도끼로 나를 죽여라'라 말하기까지 합니다. 일반인도 기분이 나쁠 법한 표현을 왕에게 올리는 상소에 사용한 것입니다. 신하들은 최익현의 불경함을 이유로 그를 무겁게 처벌해야 한다고 주장했고, 결국 최익현은 전라도의 외딴섬 흑산도에 귀양을 떠났다 3년 후 석방되었습니다.

이를 통해 조선의 신하들은 왕을 비판하더라도 신하로서의 예를 지켜야 했음을 알 수 있습니다. 예의를 지키고 말을 가려야 다른 신하들이 그를 두둔하고 옹호할 명분을 얻을 수 있었던 것입니다.

그따위로 할 거면 차라리 신을 죽이시옵소서.

최익현 이놈…

14

궁녀의 월급은
얼마 정도 됐을까?

내시와 궁녀는 조선시대 궁궐 운영을 담당한 실무진입니다. 내시는 성기능이 없는 남성들로, 내시부에 소속되어 일했고, 궁녀는 내명부에 소속된 여성들로, 여러 실무를 담당했습니다. 여러 매체에서 비밀스럽고 은밀한 존재로 그려지곤 하지만 궁녀들은 체계적인 조직 속에서 자신의 업무를 수행했습니다. 그렇다면 궁녀는 어떤 삶을 살았고, 어느 정도의 보수를 받았을까요?

영조대에 편찬된 법전인 『속대전』에 따르면 궁녀는 중앙관청에 소속된 처녀인 여자 하인 중에서 선발했습니다. 그중에서도 왕실 재산을 관리하는 내수사 소속 여자 하인만을 제한 없이 궁녀로 뽑을 수 있었고, 다른 부서의 여자 하인을 뽑으려면 왕의 허가가 필요했으며 양인 여성은 궁녀로 선발될 수조차 없었습니다.

이는 왕실 재산과 국가 재산을 분리하고 왕실이 임의로 양인을 천민으로 만들 수 없도록 한 조치로 보입니다. 그 시대의 천민들은 사실상 재산으로 취급됐고, 궁녀와 내수사 하인들은 왕실 재산의 일부로 간주되었습니다. 그런데 만약 왕실이 다른 관청 하인들을 궁녀로 뽑을 수 있다면 왕실 재산이 제한 없이 늘어나는 것과 같습니다. 따라서 다른 관청 하인들을 선발하려면 허가 과정을 거치도록 했던 것으로 보입니다. 또한 양인 여성을 궁녀로 선발할 수 없도록 하여 왕실의 무분별한 재산 증식을 한 번 더 막았다고 할 수 있습니다.

다만 공노비가 해방된 19세기 이후에는 모든 관청에서 공식적으로 하인이 사라졌기 때문에 이런 방식이 불가능해졌습니다. 따라서 이후에는 어쩔 수 없이 궁녀의 친족 중에서 새로운 궁녀를 선발했고, 예외적으로 왕비가 왕과 혼인 후 입궁할 경우, 자신이 거느리던

여자 하인을 데리고 들어올 수 있었습니다.

그렇다면 궁녀들은 어떻게 선발되었을까요? 한 가지 알아 두어야할 사실은 왕이 궁녀 선발에 직접 관여하지는 않았다는 것입니다. 궁녀 선발은 왕, 왕비, 왕대비 등이 각자 자율권을 가지고 있었으며, 궁녀 선발이 필요할 때 이들은 필요한 궁녀 수를 담당 내시에게 통보했습니다. 내수사의 경우 내시가 직접 궁녀를 선발했고, 다른 관청에서 선발하는 경우 내시가 왕의 명령을 담당하는 부서인 승정원에 이를 보고했습니다. 이후 승정원은 왕의 허가 절차를 거쳐 해당 부서에 통지하여 궁녀를 선발하도록 했습니다.

궁녀 부서인 내명부 역시 관료 조직이었으므로 업무와 서열이 엄격하게 나뉘어 있었습니다. 우선 업무에 따른 부서는 다음과 같이 구성되었습니다.

- 지밀: 왕실 어른 보좌
- 침방: 의류 수선   • 수방: 의류 자수
- 세수간: 세숫물 및 세수 용품
- 세답방: 세탁, 난방, 등불, 침실 청소 등
- 생과방: 과일 및 간식
- 소주방: 상차림 담당
  (내소주방: 평소 식사 / 외소주방: 행사용 식사)

다음으로 서열은 다음과 같이 구성되어 있었습니다.

一. 제조상궁: 내명부 통솔

二. 부제조상궁(아랫고상궁): 재물 관리

三. 감찰상궁: 궁녀 언행 감독

四. 상궁: 각 부서 책임자(지밀상궁/침방상궁/수방상궁 등)

五. 나인: 실무를 담당하는 궁녀

六. 생각시: 성인식을 하기 전의 궁녀. 견습생.

내명부는 궁궐 전체를 아우르는 조직은 아니었고, 왕실 어른들이 각자 조직을 가지고 있었습니다. 즉 왕, 왕비, 왕대비, 세자, 세자빈 등이 각자 궁녀 조직을 거느리는 방식이었습니다. 고종 대 기록에 따르면, 상궁 이하 궁녀 수는 왕, 왕비, 왕대비 소속이 각각 100명 규모였고, 세자는 60명, 세자빈은 40명, 세손은 50명, 세손빈은 30명 수준이었습니다. 그런데 이 수가 명확하게 정해져 있지는 않았고, 필요에 따라 증감할 수 있었습니다.

궁녀들의 근무시간은 부서에 따라 달랐습니다. 왕실 어른을 보좌하는 지밀의 경우, 상시 어른 곁에 있어야 했기 때문에 교대로 주간 근무와 야간 근무를 했습니다. 다만 근무를 한 번 하고 나면 다음 날은 쉬는 방식으로 격일제 근무 원칙을 지킨 것으로 추정됩니다. 지밀 외 다른 궁녀들은 대체로 교대 없이 격일제로 근무했습니다. 궁궐 생활이 팍팍했겠지만 현대인들보다 근무시간이 길지 않았던 것으로 보입니다.

그렇다면 궁녀들은 월급을 얼마나 받았을까요? 『속대전』에 따르면 궁녀 중 가장 급이 높은 제조상궁은 매달 쌀 25두 5승, 콩 5두, 북어 110마리를 받았습니다. 그리고 가장 급이 낮은 궁녀는 쌀 4두, 콩 1두 5승, 북어 13마리를 받았습니다. 정부와 민간의 단위에 일부 차이가 있지만 당시 민간에서는 쌀 20두가 1석에 해당했고, 쌀 1석은 일반적인 성인 남성 한 명이 1년 동안 소비하는 양에 해당했습니다. 제조상궁은 1년에 쌀만 15석을, 가장 급이 낮은 궁녀도 2석이 넘게 받았으므로 조선시대의 일반인들보다 많은 급료를 받은 것입니다. 게다가 기본급에 포함된 콩과 북어 외에도 기타 식사비와 별도 수당이 주기적으로 제공되었기에 가장 급이 낮은 궁녀도 일반인들보다 여유로운 삶을 살 수 있었습니다.

15

한양에는 왜 궁궐이
다섯 개나 있었을까?

조선시대 한양도성이 있었던 오늘날의 중구와 종로구 일대에는 궁궐이 무려 다섯 개가 그렇게 멀지 않은 거리에 모여 있습니다. 왕의 직계가족 수는 아무리 많아도 열 명 내외였을 텐데, 왜 이렇게 많은 궁궐이 필요했던 걸까요?

다섯 개 궁궐은 한꺼번에 지어진 것이 아니라 필요에 따라 하나하나씩 건축되었습니다. 다섯 궁궐이 같이 서 있게 된 시기는 19세기 말이고, 그나마도 궁궐 재건이나 도시 확장 과정에서 원래 모습을 많이 잃어버린 궁궐도 있습니다. 그러면 시대별로 궁궐의 변천을 차근차근 살펴보겠습니다.

가장 먼저 지어진 궁궐은 **경복궁**입니다. 경복궁은 태조 이성계가 나라를 세운 지 얼마 되지 않아 건축을 시작했고, 태조 5년(1396) 어

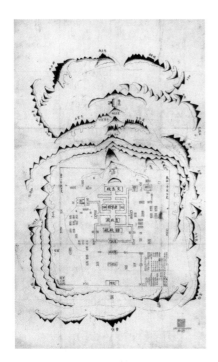

<경복궁도> (ⓒ서울역사박물관 소장)

느 정도 완성되어 수도 궁궐 역할을 시작했습니다.

그러나 태조의 아들 이방원이 세자를 죽이고 사실상 태조를 왕위에서 끌어내린 제1차 왕자의 난 이후, 조선의 수도는 고려의 수도였던 개경으로 다시 이전되었습니다. 이방원은 왕으로 즉위한 후 수도를 다시 한양으로 옮겼지만, 경복궁으로 돌아가지 않고 새 궁궐을 짓기 시작했고, 태종 5년(1405)에 완공된 새 궁궐인 **창덕궁**에 입궁합니다. 이후 창덕궁은 가장 오랜 기간 조선의 주 궁궐 역할을 했습니다. 경복궁은 주로 행사 용도로 활용되었고, 왕은 창덕궁에 살며 업무를 수행했습니다. 태종 이방원이 경복궁을 사용하지 않고 굳이 창덕궁을 지은 이유에 대해서는 정확히 알 수 없지만, 정적이었던 정도전이 계획하여 지은 건물이라 지내기 꺼렸을 것이라는 추측이 있습니다.

그리고 세종 즉위년(1418), 태종은 세종에게 왕위를 물려주고 창덕궁 근처에 제3의 궁궐을 지어 그곳으로 이전했습니다. 이 궁궐의 이름은 수강궁壽康宮입니다. 이후 제9대 왕 성종은 자신의 양모인 인

아아… 조선의 역사가 불타는구나.

혜대비와 생모인 인수대비를 모시기 위해 수강궁 자리에 새 궁궐을 지었고, 성종 15년(1484)에 완공된 이 궁궐이 바로 현재 창덕궁 옆에 위치한 **창경궁**입니다.

이렇게 세 궁궐이 나란히 존재하던 조선에 큰 사건이 발생합니다. 바로 임진왜란으로, 왜란 때 일본군은 빠른 속도로 한양을 점령했고, 이 과정에서 경복궁, 창덕궁, 창경궁이 모두 불타 버렸습니다. 이후 명나라의 지원과 조선군, 의병의 활약으로 선조는 한양으로 돌아올 수 있었습니다. 하지만 조선의 궁궐이 모두 불타 선조는 임시로 성종의 형 월산대군의 집을 궁으로 사용하며 이를 '정릉동 행궁'이라 불렀습니다. 선조가 정릉동 행궁에서 생을 마감한 후, 광해군은 정릉동 행궁을 경운궁이라고 칭했고, 고종이 퇴위할 때까지 이 궁은 경운궁으로 불렸습니다.

왜란 이후, 불타 버린 궁궐 중 주로 사용되던 창덕궁부터 복원이 진행됐습니다. 창덕궁은 광해군 즉위 직후인 광해군 1년(1609)에 복

창덕궁과 창경궁을 조감도 형식으로 그린 〈동궐도〉 (ⓒ고려대학교박물관 소장)

원이 완료되었고, 뒤를 이어 창경궁의 복원도 광해군 7년(1616)에 마무리되었습니다.

그러나 광해군은 여기에 만족하지 않았습니다. 경복궁이 아직 폐허 상태였고 복구가 진행 중이었음에도 무리하게 경덕궁과 인경궁을 새로 짓고, 왜란 전후에 선조와 자신이 살았던 경운궁까지 확장할 계획을 세웠습니다. 경덕궁과 인경궁을 합치면 경복궁의 10배가 넘는 규모에 이르렀다고 전해집니다. 또 그 사이에 광해군은 경복궁 복원까지 계획하고 있었습니다. 그는 경덕궁 완공(광해 12년, 1620)을 보았으나, 인경궁의 완공은 보지 못하고 결국 인조반정으로 쫓겨납니다.

그런데 인조반정은 궁궐과 관련해 새로운 문제를 야기했습니다. 인조반정 당시 창덕궁에 불이 나면서 애써 복원한 창덕궁이 대부분 소실됐고, 머지 않아 이괄의 난이 발생해 창경궁까지 파괴되었습니다. 그렇다고 왕이 경덕궁과 인경궁을 주 궁궐로 정하기는 어려웠습니다. 광해군의 사치스러운 궁궐 공사가 그를 폐위한 명분 중 하나였기에, 새로 재위한 인조가 그런 사치스러운 궁궐에서 살 수 없었던 것입니다. 결국 인조는 경덕궁에 머물다가 창덕궁과 창경궁의 복원이 끝난 뒤 창덕궁으로 이사했고, 인조 이후 조선의 주 궁궐은 다시 창덕궁이 되었습니다. 이 과정에서 인경궁의 대부분과 경덕궁의 일부가 철거되어 그 자재가 창덕궁과 창경궁 복원에 사용되었습니다. 인경궁은 현재 완전히 사라졌고 위치만 추정할 수 있을 뿐입니다. 한편 경덕궁은 영조 36년(1760) **경희궁**으로 이름이 바뀐 뒤 여러 왕이 애용하는 궁궐로 자리잡았습니다.

궁궐 구조가 다시 한번 크게 바뀐 시기는 고종 대였습니다. 조선 정부는 임진왜란 이후 여전히 폐허로 남아 있던 경복궁의 재건을

추진해 고종 2년(1865) 거의 300여 년 만에 재건했는데, 이때 부족한 재목을 대부분 경희궁에서 가져왔습니다. 그래서 현재 남아 있는 경희궁은 그 규모가 매우 축소된 모습입니다.

고종은 이후 경복궁에서 살았습니다. 그런데 명성황후가 시해당한 을미사변(1895) 발생 후, 고종은 자신의 안전을 지키고 일본을 견제하기 위해 외국과 협력할 필요성을 절실히 느끼면서 조선의 주궁궐을 외국 공사관이 인접한 경운궁으로 삼기로 합니다.

고종은 1897년 러시아 공사관에서의 피신 생활을 끝내고 경복궁이 아닌 경운궁으로 복귀하였습니다. 1907년, 고종이 일제에 의해 사실상 강제 퇴위당한 이후, 고종은 덕수라는 호를 받았고, 머무는 궁궐인 경운궁도 **덕수궁**으로 개칭되었습니다.

마지막 황제 순종은 창덕궁으로 이사했고, 창덕궁에서 1910년 한일합방조약이 체결되었습니다. 대한제국의 마지막 주 궁궐은 창덕궁이었던 셈입니다. 이후 도시 확장과 조선총독부의 훼손, 화재 등

으로 인해 궁궐 곳곳이 손상되었습니다. 해방 이후에도 도시 정비 과정에서 궁궐 권역이 훼손되었습니다. 20세기 말이 되어서야 한국 정부는 궁궐 복구를 시작했습니다. 현재 복원이 진행되고 있으나, 옛 궁궐 자리에 이미 민간 건물이 많이 들어서 있어서 완전한 복구는 사실상 불가능할 것으로 여겨집니다.

다섯 궁궐의 역사를 살펴보면, 궁궐이 예전부터 그 자리에 그대로 있지 않고 조선 역사와 함께 끊임없이 변화해 왔음을 알 수 있습니다.

조선 궁궐의 현재 위치

16

동·서·남대문은 있는데
왜 북대문은 없을까?

조선의 수도였던 서울에는 종로와 중구 일대를 중심으로 한양도성이 존재했습니다. 그리고 성의 관문으로 네 개 대문이 존재했는데, 이 중 동대문과 남대문은 오늘날까지 남아 있고, 서대문은 일제강점기 때의 도시 확장과 함께 사라지긴 했어도 과거 모습이 담긴 사진과 누각에 달았던 현판이 남아 있습니다. 그런데 동, 서, 남대문과 달리 왜 북대문은 들어 본 적도 없는 것 같을까요?

결론부터 말하자면 한양도성에는 4대문이 모두 존재했고, 다른 문들보다 규모가 작지만 북대문 역시 오늘날에도 남아 있습니다. 조선은 수도를 옮기기 위해 한양도성을 건립하면서 북쪽 문을 **숙청문**, 동쪽 문을 **흥인문**, 남쪽 문을 **숭례문**, 서쪽 문을 **돈의문**으로 명명했습니다. 이 중 흥인문은 조선시대부터 흥인'지'문으로도 불렸는데,

그 정확한 이유는 알 수 없습니다. 『승정원일기』에 따르면 영조가 신하들에게 왜 흥인문에 '之(지)'가 첨가되었는지를 물었더니 신하들도 잘 모르겠다는 반응을 보였다고 합니다. 다만 주서 이기언은 "도성 동쪽이 물길이라 비어 있어 별도로 옹성을 짓고 현판에도 글자를 더했다고 들었다"고 대답하며 진위를 알 수는 없다고 덧붙였다고 합니다. 즉 풍수지리적인 이유라고 추정될 뿐, 정확한 이유는 알 수 없습니다.

북쪽에 위치한 숙청문은 험준한 북악산 지역에 자리 잡고 있어 다른 문들과는 달리 사람이 드나들기 어려운 곳에 위치하고 있습니다. 그래서인지 그 크기도 다른 문들에 비해 상대적으로 작습니다. 옛날 지도 등을 살펴볼 때 과거에는 숙청문에 성문 위에 으레 있었던 누각도 없었을 것이라는 주장도 있습니다. 참고로 현재 성문 위

숙청문
©Tom Page

에 있는 누각은 1970년대에 건립된 것입니다. 또한 숙청문은 조선 시대 어느 시점에 숙'정'문으로 이름이 바뀌었는데, 그 이유에 대한 기록도 없습니다. 여성이 음란해질 수 있어서 이름을 숙정문으로 바꾸었다는 속설이 있으나 역시나 뒷받침할 만한 확실한 증거는 없습니다.

게다가 숙정문은 자주 닫혀 있었던 것으로 추정됩니다.『태종실록』에 따르면 태종 대에 풍수지리적인 이유로 숙정문을 항상 닫아 두어야 한다는 건의가 올라왔고, 왕이 수용했습니다. 다만 때때로 비가 오지 않아 기우제를 지낼 때 숭례문을 닫고 숙정문을 열기도 했습니다.

그렇다면 다른 문과 달리 왜 숙정문은 험준한 산에 지어졌을까요? 이는 동아시아의 도성 전통과 종로 및 중구 일대의 서울 구도심

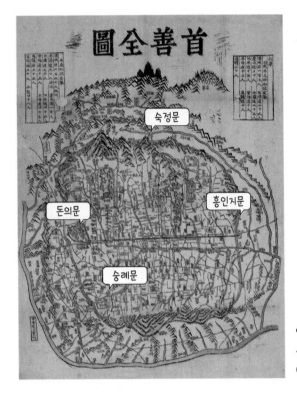

숙정문

돈의문

흥인지문

숭례문

옛 서울의 모습을 그린
〈수선전도〉 필사본
(ⓒ연세대학교박물관 소장)

지형과 관련이 있습니다. 전통적으로 중원 국가들은 도성을 지을 때 4대문을 두었습니다. 북문을 포함한 각 문의 규모는 상당히 컸으며, 북문의 통행량도 적지 않았습니다. 이는 대체로 중원 국가들의 수도가 평지에 위치했기 때문에 그런 것으로 보입니다.

　조선 정부 또한 중원 국가 도성 전통을 참고하여 수도 성곽을 건축하고 4대문을 지었습니다. 그러나 한반도에는 중국과 달리 큰 성을 지을 수 있는 평지가 많지 않았습니다. 게다가 조선 정부는 도성을 지을 때 풍수지리적인 측면을 감안해 산을 북쪽에 두고 강을 남쪽에 두는 배산임수 지형을 따랐습니다. 따라서 북대문이 지어진 곳은 인적이 드문 산이 될 수밖에 없었습니다.

그리고 오늘날 사람들이 숙정문을 잘 모르는 또 다른 이유가 있습니다. 바로 북악산 일대가 오랜 기간 출입 금지 구역이었기 때문으로, 1968년 1월 21일 박정희 정부 시절 북한에서 보낸 무장 특수 부대가 침투한 사건의 영향이 있습니다. 속칭 김신조 사건으로 이때 청와대 인근까지 북한 부대가 침투한 사실이 드러나자 한국 정부는 청와대 인근 경비를 강화했습니다. 이 과정에서 북악산 일대가 출입 금지 구역으로 지정되면서 그 권역에 숙정문도 포함됐습니다. 그렇게 오랫동안 사람의 발길이 끊겼던 숙정문은 북악산 개방 계획에 따라 2006년에 다시 일반인에게 개방됐으나 너무 오랜 시간 발길이 닿지 않았던 곳이기에 여전히 모르는 사람이 많아 북대문이 없는 줄 아는 사람이 많은 것입니다.

3부

읽다 보면 빠져드는
조선 생활 이야기

17

조선 사람들은
한글을 얼마나 썼을까?

한글이 발명되기 전까지 한반도의 사람들은 한자를 이용해 한국어를 표기했습니다. 이두나 향찰처럼 한자의 음과 뜻을 빌려 우리말을 적는 방식도 있었고, 한문을 쉽게 읽기 위해 한국어식 토씨를 추가하는 구결口訣도 존재했습니다. 하지만 이두, 향찰, 구결은 모두 한자를 조금이라도 알아야 쓸 수 있는 방식이었기에 한자를 모르는 백성들이 일상에서 사용하기엔 어려웠습니다. 그렇다면 한글 창제 이후 사람들은 실제로 한글을 얼마나 사용했을까요?

조선 4대 왕 세종은 왕족과 신하 등의 도움을 받아 한글을 발명했습니다. 한글 창제의 목적과 원리, 글자 발음 등의 사용 방법을 설명한 『훈민정음』 서문에는 세종대왕이 혼자 한글을 창제했다고 기록되어 있지만, 해석과 범례는 최항, 박팽년, 신숙주 등 집현전 신하들

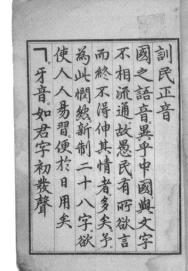

[현대어 해석]

나라의 말이 중국과 달라
한자와 서로 통하지 아니하므로,
글을 모르는 백성들이
말하고 싶은 것이 있어도
자신의 뜻을 잘 표현하지 못한다.
내 이를 딱하게 여기어
새로 28자를 만들었으니,
사람들로 하여금 쉽게 익혀
날로 쓰기 편하게 하고자 한다.

훈민정음 해례본 서문 (1946 영인본, ⓒ국립한글박물관 소장)

이 작성한 것으로 나와 있습니다. 즉 신하들도 훈민정음 발명에 참
여했지만 세종의 업적을 부각하기 위해 따로 언급되지 않았을 가능
성이 있습니다.

　어쨌든 『훈민정음』이 완성되기 전부터 한글은 수많은 반대 의견
에 부딪혔는데, 여러 신하들이 한글 제작을 반대한 이유는 다섯 가
지로 요약됩니다. 첫째, 한글이 중국 문화와 달라 중국의 비난을 받
을 가능성이 있었습니다. 둘째, 독자적인 글자를 가진 민족은 오랑
캐라는 인식이 있었습니다. 셋째, 이미 이두나 향찰같이 한자로 국
어를 표기할 수 있는 체제가 존재했습니다. 넷째, 형벌에서 백성들

이 억울함을 당하는 이유는 백성들이 글을 몰라서가 아니라, 형벌이 공정하게 집행되지 않기 때문이었습니다. 마지막으로, 국가적 큰일인 새로운 문자 창제가 지나치게 급하게 진행되고 있다는 우려가 있었습니다. 이러한 인식 때문에 양반들은 한글을 아녀자나 아이들이나 쓰는 글이라며 암클, 아햇글, 언문이라 낮춰 부르곤 했습니다.

그러나 신하들의 생각과 달리, 한글은 모든 계층에서 사용하는 문자가 되었습니다. 숙종 대에 우의정을 지낸 남구만이 "지방 출신 선비들은 어릴 때부터 한글을 사용하여, 과거에 합격한 후에도 한문 편지에 제대로 답하지 못한다"라고 비판할 정도였습니다. 물론 남구만의 본래 의도는 유교 경전 학습 과정의 확대였지만, 이를 통해 양반 남성들조차 한글을 일상적으로 사용했음을 엿볼 수 있습니다.

또한 한문에 익숙하지 않은 백성들이 소송 시 한글로 소장을 올

리는 경우도 많았고, 양반 여성들 역시 한글 소장을 제출하는 일이 잦았습니다. 심지어 중앙정부에 올리는 상소마저 한글로 작성된 경우가 있었는데, 형조참판을 지낸 이단석의 부인은 남편이 죽고 나서 생계가 어려워지자 구제를 요청하는 한글 편지를 올렸습니다. 이에 진휼청이 임금의 명령에 따라 매달 한 석씩 쌀을 지급한 사례가 있습니다.

다만 양반 여성들이 한글을 사용한 이유는 단순히 한문을 잘 알지 못해서가 아니라, 여성은 한문을 잘 사용하지 않는 사회적 분위기 때문이었던 것으로 보입니다. 이를 방증하듯 실제로 한문에 능숙했을 것으로 추측되는 지체 높은 양반가 여성들도 편지를 한글로 주고받는 경우가 많았습니다. 한문을 확실히 쓸 줄 알았던 왕실 여성들조차 대부분 편지와 명령 등을 한글로 작성한 것을 보면, 여성들이 한글 사용을 강요받는 사회적 분위기가 있었던 듯합니다.

이런 이유로 훈민정음 발명 이후에도 여전히 정부의 공식 문서는 한문으로 작성되었고, 양반 남성들 역시 편지와 문서 대부분을 한문으로 작성했습니다. 그러다가 정부 공식 문서에 한글을 사용할 수 있게 된 것은 1894년 갑오개혁 이후의 일입니다. 1894년 11월에 반포된 칙령 제1호에는 "법률과 칙령은 모두 국문(한글)을 근본으로 하고, 한문은 번역을 붙이거나 국문과 한문을 혼용한다"라는 명령이 포함되었습니다. 그 이전까지 조선 사람들은 한문과 한글을 함께 사용하는 복잡한 언어 체계를 유지하고 있었습니다.

18

조선시대에도
주말이 있었을까?

평일과 주말이 구분되는 일정한 주기에 익숙한 현대인들은 모두 주말을 간절히 기다립니다. 주말이면 유명한 문화시설과 관광지에 사람이 넘쳐 나곤 하는데, 이런 주말 개념이 조선시대에도 존재했을까요? 조선 관리들에게 적용되었던 법에 따르면 조선시대에는 현대의 주말처럼 규칙적인 휴일이 엄격히 정해져 있지는 않았습니다. 다만 3대 왕 태종 대에 형조 관리의 '쉬는 날'에 대해 상세히 언급된 기록이 존재하므로 이 기록을 통해 조선시대의 휴일에 대해 자세히 알아보겠습니다.

조선은 중국과 고려의 법제를 참고해 여러 법을 제정했습니다. 휴일 역시 마찬가지였는데, 중국이나 고려에서 지켰던 휴일에 맞춰 관리들이 쉬게 하고, 형벌을 시행해야 한다고 여긴 것으로 보입니

곧 큰 제사가 있을 테니 잠시 숨을 돌리고 몸을 정갈히 하자.

다. 기록에 따르면 송나라와 고려에서는 모두 10일에 한 번씩 휴일을 두었고, 조선 역시 고려에서 이어진 이 10일에 한 번 쉬는 제도를 따랐다고 합니다. 여기까지만 보면 조선 관료들에게 주어지는 공식적인 휴일이 현대인보다 적었다고 볼 수 있지만, 추가로 쉬는 날인 재계일과 휴가일이 있었습니다.

재계일은 제사를 정성껏 준비하기 위해 제사 며칠 전부터 몸과 마음을 정갈히 하며 험한 일을 하지 않는 기간을 말합니다. 실록에 따르면 국가의 큰 제사는 7일, 중간 제사는 5일, 작은 제사는 3일 전부터 재계해야 했습니다. 물론 모든 관료가 이 기간에 쉬는 것은 아니었으며, 재계하면서 험한 사무만 피하고 간단한 사무는 처리하기도 했습니다. 하지만 제사에 참여하는 관리들은 적어도 제사 하루 전에는 제사 장소에 머물러야 했고, 왕이 제사에 참여하는 경우 재계 기간 동안 제사 이외의 업무는 결재하지 않기도 했기 때문에 다른 업무가 원활히 진행되기 어려웠을 것입니다.

  또한 조선에는 집안일과 관련된 다양한 휴가도 존재했습니다. 관료들은 상장례, 제사, 혼례, 부모 봉양, 질병, 절기 제사 등 여러 가지 사유로 휴가를 사용할 수 있었습니다. 조선의 법전이 집대성된『대전회통』의 휴가 관련 조항을 보면 부모 봉양이나 상장례와 같은 사유로 휴가를 제공하는 규정이 포함되어 있는데, 이는 효를 중시했던 조선의 인식을 잘 보여 줍니다.

- 부모를 뵈러 갈 경우 – 7일(1년 1회)
- 조상 묘에 성묘 갈 경우 – 7일(2년 1회)
- 과거 합격 후 부모에게 인사하러 갈 때,
  또는 조상이 사후에 벼슬을 받았을 경우 – 7일
- 혼례 – 7일
- 부모 병환 – 거리에 따라 30~70일
- 부모 장례 – 3년
  (상중에 복직할 경우 제사 각각에 3~5일 휴가)
- 처와 처부모 장례 – 15일
- 부모와 조부모 이장 – 20일
- 백부, 숙부, 친형제, 외조부모 이장 – 17일

각 휴가는 보통 이동 거리에 따라 휴가 일수가 추가되었습니다. 또한 규정된 휴가 외에도 질병이나 각종 제사에 예외적인 휴가를 주거나, 규정 이상의 일수를 허가하는 경우가 많았습니다. 현대인보다 질병에 더 자주 걸렸고 치료도 어려웠던 당시 상황을 고려할 때, 조선 관리들은 현대인보다 훨씬 많은 날을 휴가로 보냈을 것으로 보입니다. 이는 조선 후기의 몇몇 기록을 통해 유추할 수 있는데, 숙종과 영조 대의 기록을 보면 "한나라의 제도를 본받아 10일에 두 번씩 쉬는 규율을 엄격히 지켜 관리들의 기강을 잡아야 한다"라는 건의가 나옵니다. 즉 관료들이 10일에 2회 이상 쉬는 경우가 흔했음을 알 수 있습니다.

고려대학교 이창익 교수는 이를 두고 조선 사람들의 공휴일 개념이 우리와는 달랐을 것이라고 해석했습니다. 현대인은 공적으로 정해진 휴일을 중시하고 개인 사유의 휴일은 예외적인 것으로 여깁니

어째 일하시는 날보다 쉬시는 날이 더 많습니다?

다. 반면 조선 사람들은 제사나 부모 봉양, 질병 등 개인 사유에 따른 휴가를 더 많이 사용했으므로 개인 사정에 맞춘 휴일을 더 중요하게 여겼을 것이라는 분석입니다. 즉, 조선 사람들은 예법에 따라 집안 대소사를 현대인들보다 더 엄격히 챙겨야 했으므로 현대인보다 더 많은 휴가를 받았다고 볼 수 있습니다.

조선 사람들이 시간을 읽은 방법

조선 사람들은 하루를 12간지로 나누어 생활했습니다. 보다 정밀하게 시간을 구분하기 위해 24방위를 사용해 하루를 24시간으로 나누는 방법이나 하루를 100각으로 나누는 방법도 존재했지만, 이는 주로 절기나 천체 관측 같은 특별한 용도로만 사용되었습니다. 일상적으로는 12간지 기준 시간법이 주를 이루었고, 관료들의 출퇴근 시간도 조선 법전에 따라 12간지로 정해졌습니다. 참고로 각 간지는 현대의 2시간에 해당하며, 각각 하나의 동물을 상징합니다.

그렇다면 조선 사람들은 시간을 어떻게 알았을까요? 조선 전기에는 태엽이나 전기로 작동하는 정밀한 시계는 없었지만 앙부일구, 현주일구, 천평일구, 정남일구와 같은 해시계가 사용되었습니다. 이 중 앙부일구는 그림자의 길이를 통해 절기까지 파악할 수 있었습니다. 이 외에도 장영실이 제작한 자격루 같은 다양한 물시계가 해시계와 함께 쓰였는데, 서로 상호 보완 관계에 있었을 것으로 보입니다. 왜냐하면, 해시계는 낮에만 사용할 수 있었지만 소형으로 제작이 가능해 휴대가 가능했던 반면, 물시계는 크기가 커서 휴대가 어려웠지만 밤에도 사용이 가능했기 때문입니다.

서양식 자명종이 조선에 전해진 것은 17세기 초 명나라에 사신으로 갔던 정두원이 자명종을 가지고 온 것이 시초였습니다. 이후 현종 대에는 송이영이 자명종을 참고해 천체 위치와 시간을 나타내는 기계식 시계를 직접 제작하기도 했습니다. 현종 대 만들어진 시계 원본은 고려대학교박물관에 전시되어 있으며, 복원된 작동 모델은 대전국립중앙과학관에 전시되어 있습니다.

우우~

시계들아 지금 몇 시계?

19

과거 볼 때 한양까지
며칠 걸려 갔을까?

조선시대에는 지방에 살던 사람들이 과거를 보러 한양까지 먼 길을 떠나곤 했습니다. 그런데 다들 한양 근처에서 사는 건 아니었을 텐데, 당시 기술로 한양까지 가는 데 얼마나 걸렸을까요?

조선시대에는 빠르고 효율적인 교통수단이 다양하게 발달하지 않았습니다. 사람들은 말이나 가마를 타고 육로로 이동하거나 강과 해안을 따라 배를 타고 이동했고, 그마저도 경제적 여유가 없는 일반 백성들은 아무리 먼 거리라도 걸어서 이동했습니다.

조선의 교통수단이 제한적이었던 이유 중 하나는 도로 상태가 열악했기 때문입니다. 고려시대 송나라 사신이 쓴 『선화봉사고려도경宣和奉使高麗圖經』에는 고려의 토지가 좁고 도로 상태가 나빠 수레를 쓰기는 하나 그 방식이 달랐다고 기록되어 있습니다. 고려의 도로 상태는 조선에 들어서도 크게 개선되지 않은 것으로 보이는데, 조선 후기 실학자 박제가가 쓴 『북학의』에도 조선 사람들은 도로가 좋지 않아 수레를 잘 사용하지 않는다는 내용이 나옵니다. 도로가 열악했기 때문에 수레로 짐을 옮기기보다 직접 지게로 나르거나 말, 소를 이용하는 것이 더 효율적이었던 것입니다.

쌀과 같은 곡물을 대량으로 옮겨야 할 경우에는 배가 이용되었습니다. 전라도, 경상도, 충청도 등 주요 곡물 생산 지역은 낙동강, 영산강, 한강, 금강, 섬진강 등으로 내륙과 연결되어 있었고, 바다를 통해서도 이동할 수 있었습니다. 이렇듯 해상 교통이 비교적 잘 발달해 있었기 때문에 오랫동안 도로가 제대로 닦이지 않았으며, 새로운 교통수단이 발명될 필요성도 크지 않았던 것으로 보입니다.

도로 사정이 열악했기 때문인지 옛날 사람들의 이동 속도는 빠르지 않았습니다. 19세기의 학자 이규경이 쓴 『오주연문장전산고五洲

衍文長箋散稿』에 따르면 성인 남성이 하루에 이동하는 거리는 일반적으로 30~40리였습니다. 10리가 대략 4킬로미터에 해당하므로 하루를 꼬박 걸어도 약 12~16킬로미터만 이동한 셈입니다. 현대인의 평균 걸음 속도가 시간당 4~5킬로미터임을 감안하면 옛날 사람들의 이동 속도가 그리 빠르지 않았음을 알 수 있습니다. 물론 여기에는 식사와 휴식 시간 등이 포함되었을 것이며, 지금처럼 조명이나 도로가 잘 닦여 있지 않았다는 점도 고려해야 합니다.

다만 옛날 사람들은 지금보다 목적지까지 더 직선에 가까운 경로로 이동할 수 있었고, 도로의 고저 차를 크게 고려하지 않아도 된다는 이점이 있었습니다. 현대의 주요 교통수단인 기차나 자동차는 바퀴를 사용하며 차체가 지면과 가깝기 때문에 넓고 평탄하며 장애물이 완전히 제거된 도로가 필요합니다. 즉 터널을 뚫거나 땅을 파서 높이를 낮추지 않으면 차는 산이나 고개를 멀리 돌아갈 수밖에

없습니다. 반면 사람이나 말, 소 같은 동물은 길이 좁거나 험해도 다닐 수 있고, 장애물을 자유롭게 넘거나 피할 수 있으며 경사가 심한 고개도 넘어갈 수 있습니다. 그래서 걷기 힘들 정도로 험준한 지형이 아니라면 목적지까지 직선에 가까운 경로로 더 빠르게 이동할 수 있었습니다.

예컨대 조선시대에 부산에서 서울까지 이동할 때 쓰인 길인 영남대로는 부산포에서 남대문까지의 총거리가 960여 리, 즉 380여 킬로미터였습니다. 그런데 경부고속도로가 처음 건설되었을 때는 지형을 고려해 대전과 양산 쪽으로 크게 돌아야 했기 때문에 부산에서 서울까지 거리가 416킬로에 달했습니다. 시가지까지 들어가는 거리를 감안하면 영남대로보다 경부고속도로 구노선이 거의 50킬로미터가량 긴 것입니다. 지금은 여러 터널이 뚫려 직선에 가깝게

만든 새로운 고속도로 구간이 많이 개통되었고, 경부고속도로의 여러 구간도 직선화되었습니다.

물론 아무리 거리가 짧아도 960여 리를 하루에 30~40리씩 걷는다면 한 달 남짓 걸립니다. 실제로 당대 사람들도 부산에서 서울까지 가는 데에 대략 한 달 정도 걸린다고 생각했다고 합니다. 그런데 간혹 예외적으로 빠르게 이동하는 사람들도 존재했습니다. 『오주연문장전산고』에 따르면, 빨리 걷는 사람 중에는 연경, 지금의 베이징을 걸어서 수십 일 만에 다녀올 수 있는 사람도 있었다고 합니다.

20

백성들은 어떤 고기를
얼마나 자주 먹었을까?

최근에는 건강이나 신념 등 여러 이유로 육류 섭취를 조절하거나 고기에서 얻는 영양분을 다른 음식이나 영양제로 대체하려는 사람이 늘고 있습니다. 그런데 고기 섭취를 선택할 수 있는 현대와 달리 단백질 섭취 방법이 마땅치 않았던 과거에는 곡식을 많이 먹거나 고기를 필수적으로 섭취해야 했습니다. 그렇다면 조선 사람들은 어떤 고기를 즐겨 먹고 얼마나 자주 먹었을까요? 조선시대 자료에 자주 등장하는 고기들을 중심으로 살펴보겠습니다.

먼저 소고기는 조선시대에 다양한 용도로 사용되었던 중요한 음식이었습니다. 제사나 사신 접대를 위한 귀중한 재료로 사용되었고, 병든 사람을 위한 보양식으로도 쓰였습니다. 왕부터 백성까지 소고기를 싫어하는 이는 거의 없었던 듯합니다. 실록에 따르면 연산군

화가 성협의 풍속화 중 고기 굽는 장면을 묘사한 〈야연野宴〉 (ⓒ 국립중앙박물관 소장)

은 하루에 소를 열 마리씩 잡았고, 선조의 아들 중 폭력적인 성품으로 악명 높았던 순화군은 관리가 소고기를 올리지 않았다는 이유로 그 관리의 집에 불을 지르기도 했습니다. 숙종은 백성들이 소고기를 최고로 치는데 소 전염병인 우역이 돌고 있으니 농사에 쓸 소가 부족할 지경이라고 걱정하기도 했습니다.

그런데 이렇게 소고기를 좋아하는 사람이 많았고 다양한 용도로 사용되었음에도 조선시대에 소고기를 자주 먹기는 어려웠습니다. 주기적으로 소 전염병이 돌았던 것도 중요한 이유이지만, 무엇보다 소는 밭을 갈거나 물건을 나르는 데 쓰이는 중요한 동물이었기 때

문입니다. 연산군 등 몇몇 예외를 제외한 모든 조선 왕은 소 도축 금
지 명령을 내렸으며, 이를 어길 시 태형, 파직, 귀양 등 강한 처벌이
뒤따랐습니다.

다만 소고기를 합법적으로 먹을 수 있는 때도 있었습니다. 소가
병들어서 더 이상 일하지 못하게 되었을 경우나 늙어 죽었을 때였
습니다. 이렇게 제한적으로 공급되는 소고기를 체계적으로 관리하
기 위해 한양을 포함한 주요 지역에는 현방懸房이라는 푸줏간이 설
치되었고, 소 도축과 고기 및 부산물 판매는 오직 이 현방에서만 가
능했습니다.

소고기가 없어서 못 먹는 고기였던 반면, 돼지고기는 인기가 없
는 고기였습니다. 경북 지역에서 작성된 방대한 요리서『음식디미
방飮食知味方』에는 가금류와 육상 동물을 사용한 53가지 요리법이 기
록되어 있는데, 그중 돼지고기를 사용한 요리는 단 두 가지에 불과

감히 귀한 소를
잡으려고 하다니!

음메~에

으악!

합니다. 박제가의 『북학의』는 조선 사람들이 돼지고기를 잘 먹지 않는다고 언급하며, 이는 돼지고기가 식성에 맞지 않고, 먹으면 병에 걸릴 것을 걱정하는 사람이 많았기 때문이라고 설명합니다. 당시의 돼지 사육 환경이나 고기의 유통 환경이 청결하지 않기 때문에 돼지가 사람에게 질병을 옮길 위험이 있었을 것으로 보입니다.

한편 오늘날에는 꺼리는 사람이 많은 개고기는 조선 사람들이 많이 먹던 고기 중 하나였습니다. 개는 키우기 쉽고 번식도 빠른 데다, 소처럼 농사에 쓰이는 중요한 가축이 아니었기에 백성들도 부담 없이 먹을 수 있었습니다. 『음식디미방』에 등장하는 53가지 요리법 중 10가지가 개고기를 이용한 요리법입니다.

조류로는 꿩고기와 닭고기를 많이 먹었는데, 이 중 꿩고기를 더 자주 먹었을 것으로 추측됩니다. 『음식디미방』을 보면 꿩 요리는 18가지인 데 반해, 닭 요리는 8가지에 불과합니다. 꿩은 주로 사냥해서 고기를 얻었기에 사냥을 성공한다면 쉽게 먹을 수 있었습니다.

반면 닭은 주로 곡물을 먹여 키웠기 때문에 곡물이 부족할 때는 사육이 쉽지 않았습니다. 게다가 달걀 또한 중요한 식재료였기 때문에 키우는 닭을 함부로 잡아먹기는 어려웠을 것입니다.

물론 조선 사람들이 상대적으로 소고기와 꿩고기를 더 먹었다고는 해도, 오늘날에 비하면 모든 고기를 쉽게 먹기 어려웠을 가능성이 큽니다. 냉장이나 냉동 기술이 발달하지도 않았고, 현대와 같은 대량 사육 기술과 자원도 없었기 때문에 신분이 높고 재산이 많은 양반이나 왕족만 고기를 자주 먹을 수 있었을 것입니다.

21

조선 사람들도
이사를 갔을까?

조선 경제의 핵심은 농업이었습니다. 조선 정부는 백성들이 농업에 종사하기를 권장하며 왕이 직접 농사를 짓는 행사를 매년 열었고, 가뭄이 들면 기우제를 지냈습니다. 상업에 종사하는 사람이 지나치게 많아지면 농민들이 일하지 않아 국가가 어려워질 수 있다고 생각하기도 했습니다.

이런 분위기를 고려할 때 조선 사람들이 다른 지역으로 자주 이주하지 않았을 것으로 생각하기 쉽습니다. 농사는 보통 1년 이상의 주기로 이루어지며, 지역의 토질이나 기후를 잘 알아야 수확량을 늘릴 수 있기 때문입니다. 또한 정부가 백성들이 다른 지역으로 떠나는 것을 막기 위해 오가작통제, 십가작통제 같은 상호 감시와 공동 활동을 장려하는 제도를 시행하기도 했습니다.

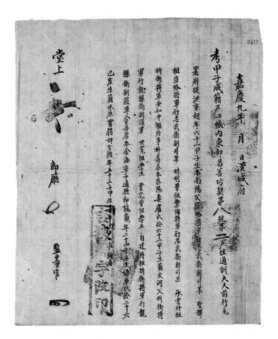

준호구 (©국립중앙박물관 소장)
관이 3년마다 호구 조사를 실시해 호적을 갱신한 후, 각 가정에서 요청이 있을 시
그 내용을 발췌해 발급한 문서. 오늘날의 주민등록등본과 유사하다.

그런데 놀랍게도 조선 사람들은 한 지역에서 오래 살지 않았을 가능성이 큽니다. 관이 한 지역에서 사는 사람들을 3년 주기로 조사하여 기록한 문서인 **호적** 연구를 통해 이를 추측할 수 있습니다. 물론 조선의 호적은 현대와 같이 최대한 많은 사람을 실제에 가깝게 조사한 기록은 아닙니다. 주로 세금을 낼 능력이 있는 사람들을 중심으로 조사한 기록이며, 후대로 갈수록 기록의 신빙성이 떨어지는 문제도 있습니다.

그러나 이러한 특성을 고려하고 호적을 연구해도, 조선시대에는 한 마을에 오래 머물지 않는 사람이 많았던 것으로 보입니다. 17~18세기 경남 산청과 대구 지역의 호적 자료에 따르면, 호적이 새로 작성되는 3년마다 기록된 인원의 약 25%가 바뀌었습니다. 흉년이 들면 그 비율이 40%까지 올라가기도 합니다.

장기적으로 보면 이러한 경향이 더욱 뚜렷해집니다. 1717년 경남 산청 지역 인구를 조사한 단성 호적에는 368가구가 등재되어 있지만, 165년 후인 1882년 호적에서는 후손이 남아 있는 가구가 14가구에 불과했습니다. 전체 가구의 약 4%만이 같은 지역에 대를 이어 살았던 것입니다. 대구 지역도 비슷한 양상을 보입니다. 1681년 대구 호적에는 731가구가 등재되어 있으나, 114년 후인 1795년 호적에서 그 후손이 확인된 가구는 165가구로 전체의 약 23%에 지나지 않습니다. 한 세기 만에 마을 주민의 과반이 떠나고 새로운 사람이 들어온 것입니다.

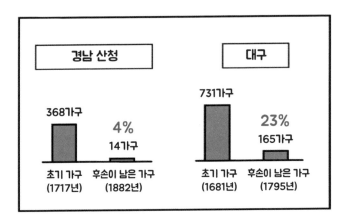

어디 쓰지도 않을 거면서
인구조사를 왜 했대?

이사 가는 사람이
너무 많나 봐.

　이러한 인구이동은 조선의 세금 정책에도 영향을 미친 것으로 보입니다. 조선 정부는 기껏 열심히 인구조사를 해 놓고도 국가사업에 필요한 노동력을 징발할 때는 인구가 아니라 지역별 세금액을 기준으로 징발 인원을 정했습니다. 이는 지역에 들어오고 나가는 사람이 많았기에 인구 정보만으로 노동력을 정확히 징발하기가 현실적으로 어려웠기 때문일 것으로 추측됩니다.

　한편 한 마을이 통째로 이사해 버린 으스스한 사례도 있습니다. 조선 말기에서 일제강점기까지 활동했던 유명 음악가 홍난파는 화성 온석리 출신인데, 온석리 인근에서 17세기 후반의 것으로 추정되는 대규모 조선시대 주거지가 발굴된 적이 있습니다. 발굴된 주거지 100여 호 대부분은 초가집이나 기와집이 아닌, 원시적인 형태의 움집이었습니다. 이는 조선시대에도 여전히 적지 않은 사람들이 장기간 거주가 어려운 움집에서 살았을 가능성을 보여 줍니다.

여기서 이상한 점은, 온석리에서 발굴된 움집 대부분이 구들장, 즉 온돌과 같은 난방시설을 갖추고 있었다는 사실입니다. 마을을 이룬 사람들이 여러 해는 아니더라도 최소한 그해 겨울을 그곳에서 나려고 계획했을 것입니다. 그런데 정작 불을 땐 흔적이나 음식물 흔적 등은 거의 발견되지 않았습니다. 사람들이 아예 살지 않았거나, 살았더라도 불을 땔 필요가 없을 만큼 짧게 거주했음을 의미합니다.

구들장까지 갖춘 100여 호의 집을 지은 사람들은 대체 왜 이 움집들을 지었을까요? 그리고 이 집들을 거의 쓰지 않고 대체 어디로, 왜 사라진 것일까요?

22

조선시대에 감귤은 얼마나 귀한 과일이었을까?

오늘날에는 어디서든 쉽게 귤을 구할 수 있습니다. 귤 생산량이 늘기도 했고, 재배 기술과 보관법이 발전해 연중 귤을 생산하고 유통할 수 있게 되었기 때문입니다. 하지만 조선시대만 해도 귤은 오직 제주도에서만 소량으로 재배되었던 귀한 과일이었습니다. 그렇다면 당시 귤은 얼마나 귀하게 여겨졌을까요?

귤이 한반도에서 언제부터 재배되었는지는 정확히 알 수 없습니다. 그러나 고려 때 기록에 따르면 귤은 고려시대부터 이미 왕에게 바치는 귀한 과일로 대접받았습니다. 조선시대에도 귤은 여전히 귀중한 과일로 여겨졌는데, 국가 제사에 쓰였을 뿐 아니라 성균관 유생이나 신하들에게 상으로 내려졌고, 중국 사신을 접대할 때도 사용되었습니다.

오죽 귀했으면 조선시대 야사집 『대동야승大東野乘』에는 신하가 왕에게 귤을 받다가 소동을 일으킨 일화까지 실려 있습니다. 일화를 이야기해 보면 훗날 조선의 영의정에 올랐던 성희안은 홍문관에서 근무하던 시절 부친상을 당해 관직을 잠시 떠났다 복귀한 적이 있습니다. 당시 왕이었던 성종은 신하를 위로하기 위해 밤에 그를 불러 술을 내리고 귤을 하사했습니다. 이때 성희안은 소매 속에 귤을 챙겨 넣었는데, 임금이 내린 술을 과하게 받아 마신 나머지 인사불성이 되어 내시에게 업혀 나갔고 이 과정에서 소매에 넣어 둔 귤이 그만 바닥에 떨어지고 말았습니다. 왕의 하사품인 귀한 귤을 떨어뜨린 일은 큰 처벌을 받을 수 있는 죄였습니다.

그러나 다음 날 성종은 성희안을 불러 그에게 다시 귤 한 접시를 내렸습니다. "어버이께 드리려다 생긴 실수일 뿐이니, 다시 어버이께 귤을 가져다드려라"라는 성종의 말에 성희안은 깊이 감동해 왕

에게 죽도록 충성할 것을 다짐했다고 합니다. 한편 숙종 대에는 선비들에게 귤을 나눠 줄 때 서로 빼앗으려는 일이 발생하니, 형조 관리가 나와 이를 단속해야 한다는 건의가 올라오기도 합니다.

귤이 이토록 귀했기에 조선 정부는 건국 초기에 귤 생산 지역을 늘리려 시도하기도 했습니다. 태종 대에는 신하를 보내 전라도 순천 등 바닷가 지역에 귤나무 수백 그루를 심게 했는데, 이는 어느 정도 성공한 것으로 보입니다. 『세종실록지리지』에 따르면 현재의 부산인 동래현, 나주목, 영암군, 강진현, 순천도호부, 고흥현 등지에서 귤이 특산물로 기록되어 있습니다. 세종 대에는 무려 강화도에서 귤나무 재배를 시험한 기록도 남아 있습니다. 그러나 이후 제주도를 제외한 지역에서 귤이 생산되었다는 기록이 없는 것을 보면, 다른 지역에서의 장기 재배는 결국 실패한 것으로 보입니다.

정부가 이렇게 귤을 원했던 만큼 이를 바쳐야 하는 백성들의 고

통은 이만저만이 아니었습니다. 오죽하면 귤을 바치게 될까 봐 백성들이 끓는 물을 부어 귤나무를 훼손하는 일까지 벌어졌습니다.

성종은 "제주 백성들이 감귤나무가 있으면 귤을 바치는 일이 괴로워 나무를 베고 뿌리까지 없앤다"라고 하며, 귤을 재배하는 백성에게는 다른 세금을 감면하라고 지시했습니다. 영조는 자신이 탱자가 맛있다고 하면 백성들이 귤에 이어 탱자까지 바치게 될 것을 염려해, 제주도에서 올라온 탱자를 맛보지 않고 그대로 돌려보냈습니다. 이러한 일화에서 귀한 귤 때문에 고통받았던 백성들과, 그런 백성의 어려움을 헤아리려 했던 왕의 마음을 엿볼 수 있습니다.

탐라국의 역사

제주도의 옛 명칭이자 제주도에 있던 나라인 탐라국이 언제 건국되었는지 불분명합니다. 다만 『삼국사기』 백제 문주왕 때 탐라국에서 조공을 바쳤다는 기록 등으로 볼 때 적어도 5세기에는 탐라국이 존재했던 것으로 추측할 수 있습니다.

통일신라시대에 탐라국은 신라를 상국으로 섬겼습니다. 7세기에 완공된 황룡사9층목탑은 각 층이 신라 주변의 9개 나라를 상징한다고 전해지는데, 그중 4층이 탐라국을 상징하는 것으로 추정됩니다. 고려 건국 후에도 탐라국은 고려를 상국으로 모시며 독립 국가의 지위를 유지하다가, 숙종 10년(1105)에 완전히 복속되어 고려의 군으로 격하되었습니다. 의종 7년(1153)에는 다시 격하되어 탐라현이 되었는데, 왕족이었던 성주와 왕자의 관직은 형식적으로 남아 있었습니다.

조선 건국 직후까지도 탐라국 왕족은 별도의 관직을 받았습니다. 태종 4년(1404)에 성주는 좌도지관, 왕자는 우도지관의 관직을 받았으나, 세종 27년(1445)에 이마저 폐지되면서 탐라국 왕족도 조선의 일반 백성과 같은 취급을 받게 되었습니다.

조선시대에도 사실상 특별행정구역이었지.

23

눈 나쁜 조선 사람들은
어떻게 글을 읽었을까?

　오늘날 안경은 많은 사람의 일상에서 중요한 도구로 자리 잡았습니다. 그런데 조선시대 사람들은 시력이 나빠지면 어떻게 글을 읽었을까요? 당시 책은 요즘 책보다 글자가 컸으므로 어느 정도 시력이 나빠도 글을 읽을 수 있었지만, 그조차 잘 보이지 않을 정도로 눈이 나빠진 경우는 어땠을까요?

　의외로 조선 후기에 한반도에도 안경이 보급되었습니다. 16세기에 활동한 학자 이호민의 『오봉집』에는 중국에서 사용하는 안경에 대한 기록인 「안경명」이 실려 있습니다. 이 글에서 이호민은 안경을 "중국인들은 서양에서 만든 깨끗한 뿔을 사용하는데, 두 눈과 같은 모양이다. 눈이 어두운 자가 눈에 붙이고 글을 읽으면 작은 글자는 커 보이고 흐릿한 글자는 밝아 보인다. 이를 안경이라고 한다"라고

조선시대 안경과 안경집 (ⓒ 국립중앙박물관 소장)

소개합니다. 또한 현재 남아 있는 가장 오래된 안경은 학봉 김성일이 사용한 것으로, 그는 임진왜란 중인 1593년에 사망했습니다. 즉 임진왜란 혹은 그 이전부터 이미 조선에 안경이 도입되었음을 추측할 수 있습니다.

안경은 주로 중국이나 일본에 방문한 사신들을 통해 수입되었습니다. 정조 대 기록에는 중국에 다녀온 사신이 사 온 안경이 품질이 좋지 않으니 그를 처벌해야 한다는 내용이 존재합니다. 일본 에도 막부가 조선에 보낸 예물 목록에도 안경이 포함되어 있습니다. 도입 초창기였던 17세기경에는 안경이 구하기 어려운 귀한 물건이었는데, 조선 후기 실학자 서유구는 당시 안경 가격이 말 한 필에 달했다는 기록을 남기기도 했습니다.

그러나 시간이 흐르며 가격은 점차 저렴해진 것으로 보입니다.

18세기에 활동한 문신 강세황의 「안경설」에 따르면 조선에는 일본처럼 유리로 안경알을 만드는 기술은 없지만, 수정이 생산되는 경주에서 수정을 깎아 안경알을 만들었다고 합니다. 그리고 19세기에 들어서면서 서울에도 안경을 파는 곳이 여러 곳 생겨났습니다.

안경은 점차 양반들의 필수품으로 자리 잡았습니다. 겸재 정선, 다산 정약용, 성호 이익 등 유명한 화가와 지식인 등이 안경의 도움을 받아 나이에 구애받지 않고 활동을 이어 갔습니다. 특히 이익은 안경을 만든 서양인들을 칭송하는 시를 남기기도 했습니다.

다시 이렇게 밝고 통쾌한 물건을 낳아
사람들로 하여금 이용케 하니
노인 눈이 아니요 젊은이의 눈이로다.
털끝만큼 작은 것도 볼 수 있으니
누가 이러한 이치를 알아내었나
바로 구라파의 사람이도다.
저 구라파의 사람이여
하늘을 대신하여 인仁을 행하였도다.

그런데 이렇게 유용한 안경을 사람들 앞에서는 쓸 수 없었습니다. 안경을 쓰는 행동이 버릇없는 것으로 여겨졌기 때문입니다. 영

어른 앞에서 안경을 쓰다니,
눈에 뵈는 게 없구나!

예끼놈!!

그래서
쓰는 건데…

조는 자신이 안경을 평소에 사용하지 않는 것에 대해 "군주는 의관을 정제하고 시선을 존귀하게 하여 아랫사람들을 보아야 하는데, 안경을 쓰면 불경하다"라고 말했습니다. 정조 역시 눈이 점점 보이지 않지만 자신이 안경을 쓰고 나오면 사람들이 놀랄 것이라고 언급했습니다. 이는 비단 신분의 높고 낮음 문제가 아니라, 안경을 쓰고 사람을 만나는 일 자체가 예의 없는 행동으로 인식되었음을 보여 줍니다.

심지어 김택영이 쓴 『한사경』에는 헌종의 외삼촌 조병구가 안경을 쓰고 헌종과 두어 번 마주쳤는데, 그 일로 헌종에게 크게 꾸지람을 듣자 불안과 압박감을 느껴 스스로 목숨을 끊었다는 야사가 남아 있습니다. 사실 조병구는 실제로 죽기 직전까지 군대 고위직을 역임했으며 그의 사후 평가는 성격이 지나치게 꼼꼼해 주변의 원망을 샀다는 내용이 대부분입니다. 즉 사실과 거리가 먼 야사겠지만, 이런 이야기가 전해진다는 것만으로 지위나 연령이 높은 사람 앞에서 안경을 쓰는 일이 당시에 얼마나 무례한 행동으로 여겨졌는지를 짐작할 수 있습니다. 다만 왕의 허락하에 안경을 쓸 수 있는 경우가 있었습니다. 영조를 치료하던 의관 권성징은 침을 놓을 때 안경을 쓸 수 있도록 허락받았습니다.

지금도 새로운 문물이 들어올 때 기존 예절과 충돌하는 경우를 볼 수 있습니다. 과거에는 친한 사이라도 긴급한 상황이 아니면 밤중에 연락하는 것 자체가 무례한 일이었지만 오늘날에는 친구에게 밤늦게 문자를 보내도 크게 문제가 되지 않는 것처럼 말입니다. 조선시대의 안경 예절도 그러한 사례 중 하나라고 볼 수 있겠습니다.

24

조선 사람들도
술을 즐겼을까?

　조선은 사람의 도리를 지키고 예의를 중시한 사람들의 나라였습니다. 그런 조선 사람들도 술을 즐겼을까요? 결론부터 말하자면 술을 매우 즐겼습니다. 즐겼을 뿐 아니라 제사, 결혼, 마을 행사 등 중요한 의식과 행사에도 항상 술이 빠지지 않았습니다.

　외국인들이 보기에도 조선 사람들의 술 사랑은 남달랐던 것 같습니다. 그 주량도 어마어마했는지, 19세기 말 외국인들이 조선인들의 술 문화에 대해 남긴 기록은 적나라합니다. 미국 선교사 호러스 언더우드Horace Underwood는 "(조선 사람들이) 일반적으로 술에만 의존하고, 어떤 사람은 지나치게 술을 마셔서 술에 빠져 버린다"라고 썼습니다. 독일 상인 에른스트 오페르트Ernst Oppert는 "(조선인들은) 독주를 즐기며, 식사 때도 폭음한다. 틈만 나면 술자리를 가지며 무절제하다"라고 기록했습니다. 영국의 탐험가 이사벨라 버드 비숍Isabella Bird Bishop도 "고위급 인사들조차 잔치 끝에는 술에 취해 구르기도 한다"라고 전했습니다.

선조 대 이름난 관료 정철은 그러한 술 사랑을 「장진주사」라는 시로 풀어 적었습니다. 현대어로 해석하면 다음과 같습니다.

한잔 마시구려. 또 한 잔 마시구려.

꽃을 꺾어 잔 수 세며 끝없이 끝없이 마시구려.

이 몸이 죽은 후면 지게 위에 거적 덮여 줄로 매여 가든지,

화려한 장식 달린 상여에 수많은 사람이 울면서 보내든지,

억새, 속새, 떡갈나무, 백약나무 숲에 들어가기만 하면

누런 해, 하얀 달, 굵은 눈, 회오리바람 불 때 누가 한 잔 먹자

하겠나?

하물며 무덤 위에 원숭이가 휘파람 불 때, 후회한들 어떻게

할 것인가?

이렇게 거나하게 취할 때까지 술을 즐기는 풍속은 벼슬을 지낸 양반도 예외가 아니었습니다. 술에 잔뜩 취해 왕을 '너'라고 부르며 비판한 정인지나, 술에 정신을 잃고 왕의 하사품인 귤을 떨어뜨린 성희안처럼, 술 때문에 실수한 관료들의 이야기도 많이 전해집니다.

조선에서 술은 단순히 즐기기 위한 음료만은 아니었습니다. 술은 인간관계를 돈독히 하고 다양한 행사에서 중요하게 쓰였습니다. 제사에서는 조상님께 술을 올려 대접했고, 혼례에서는 신랑과 신부가 술을 나눠 마시며 백년가약을 맺었습니다. 공부하는 선비와 유생 들도 정기적으로 향교나 서원에 모여 어른을 모시고 술을 나누며 관계를 다졌습니다. 이런 중요성 때문에 술 마시는 예절은 어린이용 교재 『소학』에도 등장합니다.

어른을 모시고 마실 때, 술이 나오면 일어나서 어른이 계신 곳 앞으로 가 인사하고 받는다. 어른께서 물러가라고 한 뒤에야 자리로 돌아가 마신다. 어른께서 술잔을 드셨어도, 다 마시지 않으셨다면 젊은이는 감히 술을 마시지 않는다.

－『소학집주』제2권 「명륜」 82 명장유

그렇지만 앞서 조선에 방문한 외국인들이 남긴 기록을 보면 이렇게까지 『소학』이 가르치는 예를 지키며 술을 마신 사람은 많지 않았던 것 같습니다.

술을 중시하던 사람들의 나라인 만큼 조선에는 술을 만드는 방법도 매우 다양했습니다. 경북에서 저술된 조선 후기 요리서 『음식디미방』에는 술을 만드는 방법이 51가지나 기록되어 있습니다. 그 종류도 청주, 탁주, 가향약주, 소주, 혼양주 등 다양합니다. 이 외에도 『산가요록』에 65종, 『수운잡방』에 64종, 『고사촬요』에 19종, 『언서주찬방』에 38종 등, 여러 요리서에 다양한 술 제조법이 남아 있습니다.

그러나 조선 사람들도 술을 마실 수 없는 시기가 있었습니다. 바로 흉년이었습니다. 흉년에는 쌀을 비롯한 모든 곡식이 부족했는데, 술을 빚는 데는 많은 곡식이 필요했습니다. 조선 정부는 곡식을 아

인생은 짧은데 마셔야 할 술은 많구먼.

끼기 위해 흉년에는 술을 빚고 마시는 행위를 금지했습니다. 영조 대의 금주령이 특히 유명하지만, 금주령은 조선 전 시기에 걸쳐 심한 흉년이 들 때마다 내려지곤 했습니다. 다만 영조 대의 금주령은 처벌이 매우 강해서 이를 어긴 관료는 파직되거나 귀양에 보내졌고, 심지어 사형에 처하기도 했습니다.

4부

알고 나면 더 재밌는
조선 예술 이야기

왕의 초상화는 정말
왕의 얼굴과 똑같이 생겼을까?

조선시대 왕은 명실상부한 최고 권력자로서 그 모습을 아무에게나 함부로 보이지 않았습니다. 왕이 궁궐 밖으로 좀처럼 나서지 않았던 이유 중 하나도 그의 존귀함을 지키기 위해서였습니다. 그래서 그림에 왕의 모습을 담는 일조차 제한적이었는데, 정부의 각종 행사를 기록한 의궤에 묘사된 그림들을 보면 수많은 행사 인원 배치는 상세히 그려져 있지만 왕의 자리만은 비어 있습니다. 이 또한 왕의 존귀함을 고려해 그 모습을 그림에 묘사하지 않고 빈 옥좌만 그린 것입니다.

이처럼 일반적으로 왕은 그림에 등장하지 않았으므로 왕의 초상화는 한 번 그릴 때마다 오늘날의 중요 국가사업에 비견될 정도로 심혈을 기울여 추진되었습니다. 그렇다면 왕의 초상화인 **어진**御眞은 어떤 절차를 통해 그려졌고, 어떻게 그려졌을까요? 당장에 현대인들만 봐도 증명사진을 찍을 때 실제 모습을 알아보기 힘들 정도로 보정을 많이 하는데, 그 당시에도 임금을 만족시키기 위해 실제 모습보다 보기 좋게 보정해서 그리진 않았을까요?

어진을 그리는 시기나 방법은 법으로 정해져 있지 않았습니다. 보통은 어진을 모신 건물을 보수했을 때, 기존 어진이 망가졌을 때 등 어진과 관련한 특별한 사건이 발생한 경우 새로 그렸고, 어진 작업이 결정되면 이를 담당할 임시 기관인 **도감**이 설치되었습니다. 도감의 첫 번째 임무는 초상화를 그릴 화가를 선정하는 것이었습니다. 궁에도 화가들이 소속된 관청인 화원이 있었지만, 왕의 초상화 작업은 매우 중차대한 일이었기에 화원뿐 아니라 전국에서 실력 있는 화가들을 선발했습니다. 이후 별도로 시험을 열거나 유명 화가들 간의 논의를 거쳐 최종적으로 약 10명 내외의 화가가 선정되었습니다. 다만 아무리 뛰어난 실력을 갖춘 화가라도 선발되지 않는 경우

가 있었는데, 바로 부모 상중인 경우였습니다. 이런 이유로 숙종 대에 역대 왕의 초상화를 모신 남별전의 보수가 마무리되면서 기존 어진을 다시 그리기로 결정되었지만 당시 최고의 화가로 손꼽히던 김진규는 부모 상중이라는 이유로 선발되지 않았습니다.

어쨌든 초상화 작업을 담당할 화가들이 결정되면 화가들이 왕을 뵐 날짜를 정했습니다. 그런데 화가들이 그림 작업 내내 용안, 즉 왕의 얼굴을 볼 수 있는 것은 아니었습니다. 앞서 언급한 숙종의 초상화를 그린 화가들은 단 하루 동안만 왕을 볼 수 있었는데, 이는 숙종의 예전 어진이 남아 있어 여러 번 왕을 뵐 필요가 없었기 때문일 수 있습니다. 반면 고종과 순종의 초상화를 그릴 때에는 화가들이 왕을 여러 차례 만났다는 기록이 있는 것으로 보아 간혹 왕에 따라 차이가 있었던 것으로 확인됩니다.

이후 도감 관리들이 지속적으로 회의를 열어 어진에 들어갈 구체적인 요소를 결정했습니다. 초상화에 입힐 옷의 종류, 제목을 왕의

친필로 쓸지 여부, 그리고 초상화를 보관하는 의식인 봉안의식을 어떻게 진행할지 등이 주요 논의 사항이었습니다.

그렇다면 이렇게 많은 사람이 참여해 왕의 초상화를 그릴 때, 용안의 잡티를 제거하거나 인상을 다듬는 등 이른바 더 멋지게 보정하는 작업도 이루어졌을까요? 결론부터 말하자면, 어진에는 별도의 보정이 들어가지 않았습니다. 조선시대에는 당시 기준으로 '얼굴의 흠'이라고 여겨졌던 요소들까지 초상화에 사실적으로 묘사하는 것이 일반적이었습니다. 그래서 오늘날까지 전해지는 여러 초상화를 살펴보면 천연두 흉터, 코에 난 거대한 혹, 칼자국, 한쪽 눈이 없거나 먼 모습 등이 모두 사실적으로 표현되어 있는데, 태조의 초상화에도 오른쪽 눈썹 위 이마에 작은 사마귀가 그대로 묘사되어 있습니다. 즉, 조선 사람들은 초상화에 얼굴의 특징을 그대로 살려 그렸으며, 왕의 초상화 역시 예외가 아니었음을 알 수 있습니다.

하지만 이렇게 공들여 만든 왕의 초상화는 안타깝게도 현재 대부분 소실되었습니다. 1950년 한국전쟁이 발발하자 왕의 초상화는 부산으로 옮겨졌는데, 임시 수장고에서 발생한 화재로 초상화 대부분이 불에 타 버렸기 때문입니다. 이 화재로 4000여 점에 달하는 유물 중 3500여 점이 소실되는 큰 피해가 발생했고, 화재 속에서 간신히 건져 낸 왕의 초상화 중에서도 얼굴을 확인할 수 있는 것은 단 5점에 불과했습니다. 이런 이유로 현재 전해지는 조선 왕의 어진 대부분은 20세기에 새롭게 그려진 상상화로, 비극적인 일이 아닐 수 없습니다.

26

유배 가사들은 왜
러브레터 같을까?

조선 배경 사극에서는 신하들이 시골 마을로 유배 가는 장면을 자주 볼 수 있습니다. 유배된 신하들은 허름한 방에 앉아 책을 읽거나 글을 지으며 시간을 보냈는데, 유배 생활을 소재로 하거나 유배지에서 지어진 율격을 갖춘 글들을 **유배 가사**라고 합니다. 그런데 유배 가사 중에는 마치 여성이 남성에게 사랑을 고백하듯 쓰인 글이 많습니다. 다소 이상한 부분인데, 유배를 떠난 신하들은 대부분 나이 많은 노인이며 이미 결혼한 경우가 많았음에도 왜 이런 러브레터 같은 글을 썼을까요?

조선시대 정치는 왕과 여러 파벌로 갈라진 신하들 간의 치열한 모략 속에서 전개되었습니다. 왕은 자신의 권력을 지키고 강화하기 위해, 신하들은 왕의 신임을 얻어 자신의 속한 당파의 권력과 안위를 지키기 위해 열띤 당쟁을 벌였습니다. 이 과정에서 왕의 노여움을 사거나 다른 당파의 공격을 받아 유배를 떠나는 일이 흔했습니다.

한양에서 권세를 누리다 시골의 허름한 방으로 쫓겨난 사람들은 유배지에서 각기 다른 방식으로 시간을 보냈습니다. 유배에서 곧 풀려날 것이 확실한 이들은 비교적 윤택한 생활을 즐긴 것으로 보이는데, 유희춘의 『미암일기眉巖日記』에 따르면, 그는 귀양지에서도 하루가 멀다 하고 사람들을 만나고 청탁을 받으며 바쁘게 지냈습니다. 반면 이문건의 『묵재일기默齋日記』를 보면, 그는 소일거리로 시간을 보내거나 질병에 시달리며 고단한 삶을 살았습니다. 유배에서 풀려날 가망이 없다면 유배 생활 역시 고달팠던 것입니다.

그중 **송강 정철**은 유배 시기에 적극적으로 정계에 복귀할 길을 모색한 인물입니다. 선조 대의 관료로서 자신이 속한 당파인 서인의 행동대장 격이었던 그는 상대 당파인 동인 관료들을 공격하는 데에 여념이 없었는데, 결국 동인 관료들의 탄핵을 통해 선조 18년(1585)

스스로 사직하고 고향으로 돌아갔습니다. 다만 형식상 자진 사퇴였을 뿐 사실상 관직 진출이 막힌 유배와 다름없었습니다. 정철이 고향에서 은거하던 동안 그의 동료들은 왕에게 정철을 복권해 달라 요청했습니다. 그런데 바로 이 시기에 정철이 지은 유명한 작품이 바로 「사미인곡」과 「속미인곡」입니다.

이 마음 이 사랑 견줄 데가 전혀 없다.
평생에 원하오되 함께 지내자 하였더니
늙어서야 무슨 일로 외로이 두고 그리는고. [중략]
아아, 내 병이야 이 임의 탓이로다.
차라리 사라져서 범나비 되오리라.
꽃나무 가지마다 간 데 족족 앉았다가,
향기 묻은 날개로 임의 옷에 옮으리라.

- 정철, 「사미인곡」

남편과 이별한 여성이 자신의 처지를 슬퍼하며 죽어서라도 남편에게 돌아가겠다는 슬픈 의지가 엿보이는 글이지만, 정계로 복귀하지 못하고 있던 당시 정철의 상황을 고려하면 완전히 다르게 해석될 수 있습니다. 그러니까 정철이 자신을 아내에, 왕을 남편에 비유하여 자신의 충성심을 왕에게 은유적으로 호소했다고 해석할 수 있

임이야 나인 줄 모르셔도
나는 임을 좇으려 하노라~

뭐야 뭐야,
둘이
사귀나 봐!

꺄악

사미인곡

는 것입니다. 그러나 「사미인곡」과 「속미인곡」이 작성된 이후에도 왕은 끝내 아무런 반응을 보이지 않았습니다.

정철이 다시 기회를 잡은 것은 선조 22년(1589)에 발생한 정여립 모반 사건으로, 이 사건에 정철의 정적이었던 동인 인사들이 다수 연루되어 있었습니다. 선조는 유배되었던 정철에게 삼정승 중 하나 인 우의정 자리를 제안하며, 대신 위관, 즉 역모 재판의 판관 역할을 맡을 것을 지시했습니다. 정계로의 화려한 복귀였지만, 수많은 사람 을 숙청해야 하는 악역을 맡은 셈이었습니다.

이후 3년간 반역에 연루된 수많은 동인 인사들이 정철에 의해 처 형되었습니다. 그러나 반역 사건이 마무리될 즈음 선조는 정철 또 한 숙청했습니다. 아직 선조 자신의 나이가 많지 않은데도 정철이 세자 책봉 문제를 지나치게 서둘러 거론했다는 명목이었습니다. 결국 정철은 우의정에 오른 지 불과 2년 만인 선조 24년(1591)에 다시 유배를 떠났습니다. 이 정치 싸움의 최종 승자는 동인도, 정철도 아닌 선조였던 셈입니다.

이후 조선 사회에는 정철의 작품처럼 여성이 남편을 그리는 연가 형식의 노래가 유배 가사의 전형으로 자리 잡았습니다. 유배 가사는 겉으로는 애틋한 마음을 담은 노래처럼 보이지만 그 내막에서 냉혹한 정치투쟁의 일면을 엿볼 수 있습니다.

27

명필로 알려진 한석봉은
글씨 외의 능력도 뛰어났을까?

한석봉은 조선시대의 이름난 명필로 현대인들에게도 잘 알려져 있습니다. 특히 어머니의 엄격한 교육과 끊임없는 정진, 그리고 당대 유명 예술가들의 상찬 속에서, 서예에서만큼은 타고난 위인으로 칭송받습니다. 그런데 오늘날 전해지는 한석봉에 대한 일화와 평가 등은 모두 사실일까요? 기록을 들여다보면 한석봉에 대한 의외의 평가도 발견할 수 있습니다.

우선 한석봉에 대한 긍정적인 평가를 살펴보겠습니다. 임진왜란 당시 명나라 구원병의 제독이었던 마귀麻貴가 조선의 명필을 구한 적이 있는데, 당시 왕이었던 선조는 그에게 한호, 즉 한석봉의 글씨를 선물하도록 지시했습니다. 또한 선조 대에 사신으로 온 명나라 사람 주지판朱之蕃은 한석봉의 글씨를 격찬했으며, 명나라 문인 왕쉬

젠토世貞 역시 한석봉의 글씨에 힘이 있다고 상찬했습니다.

그런데 한석봉에 대한 선조의 평가는 이중적이었습니다. 선조는 한석봉이 글씨를 잘 쓰며 조선에서 그만한 명필이 드물다고 인정하면서도 부족한 점이 많다고 지적했습니다. 구체적으로, 한석봉은 작은 글자는 잘 쓰지만 큰 글자는 미숙하며, 액자에 걸 만한 글은 잘 쓰지만 초서와 예서는 잘 쓰지 못한다고 비판했습니다.

심지어 선조는 한석봉을 칭송한 명나라의 왕쉬젠도 함께 비판했습니다. 왕쉬젠이 조선 역사에 대해 쓴 글에서 부정확한 부분이 발견된 적이 있는데, 선조는 이를 근거로 왕쉬젠에게 거짓된 성격이 있으며 그가 한석봉의 글씨에 내린 상찬도 믿을 수 없다고 했습니다.

물론 예술에 대한 감상은 주관적이므로 선조가 한석봉의 글씨를 부정적으로 평가한 것도 개인적인 견해로 볼 수 있습니다. 하지만 한석봉의 관직 생활에 대한 평가는 대체로 부정적인 평가로 가득합

니다. 한석봉은 명종 22년(1567)에 진사시에 합격했습니다. 그러나 중앙 관료로 직행할 수 있는 대과에는 합격하지 못했습니다. 다만 사헌부 감찰 등 하급 관직에서 근무하며 관직 생활을 이어 갔고, 동시에 승정원에서 글씨를 쓰는 사자관으로 일하며 서예 실력을 발휘했습니다. 이러한 공로를 인정받았는지 그는 선조 33년(1599)에 진사 신분임에도 불구하고 지방 고위직인 가평군수에 임명되었습니다. 그러나 관리로서의 실력은 별로였던지 가평을 제대로 다스리지 못했다는 비판에 직면했습니다. 다행히 선조가 감싸 주어서 파직이 아니라 비리 조사 격인 추고로 마무리되었습니다.

그 후 한석봉은 군수 격인 흡곡현령으로 근무하면서 정부 문서를 작성하는 일을 계속했지만, 공신 임명장인 공신도감 교서를 대충

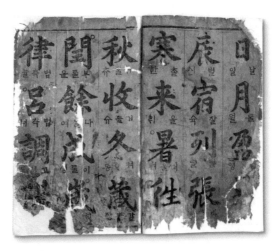

선조의 명으로 한석봉이 글씨를 써 간행한 『석봉천자문』(ⓒ 국립한글박물관 소장)

글씨 잘 쓴다고
정치가 잘 돌아가냐!

일 좀 해라!

쓴 죄로 곧 고발당했습니다. 이때도 선조가 한 번 더 그를 감싸 주었
으나, 결국 얼마 지나지 않아 파직되고 말았습니다.

이후 실록에 한석봉의 활동 기록은 더 이상 등장하지 않으며, 이
듬해인 선조 38년(1605)에 그는 생을 마감합니다. 서예 실력은 뛰어
났지만 업무 능력은 그에 미치지 못했던 것으로 보입니다. 그래도
선조가 한석봉의 글씨를 비판하면서도 그를 여러 차례 감싸 준 것
을 보면, 그만큼 한석봉을 아꼈던 것 같습니다.

한편, 오늘날에는 한석봉과 관련된 여러 설화가 전해집니다. 특
히 한석봉이 서예를 연습하던 시절 어머니는 어두운 방 안에서 떡
을 썰고 그는 글씨를 썼다는 이야기나, 기름 장수가 높은 곳에서 기
름을 따르는 실력을 보고 더 정진하기로 마음을 다잡았다는 일화
가 유명합니다. 하지만 흥미롭게도 이런 이야기들은 대체로 19세기

이후 발간된 야사에서 처음 등장합니다. 예컨대 한석봉이 어머니와 어둠 속에서 대결한 일화는 고종 6년(1869)에 발간된 야담집 『동야휘집東野彙輯』에 처음 수록되었고, 기름 장수와 관련된 일화는 19세기에 발간된 야담집 『계서야담溪西野談』에 실려 있습니다.

정리하자면 한석봉에 관한 설화들은, 실록이나 17세기에 발간된 문집 『간이집簡易集』에 기록된 평가를 제외하면, 모두 사실이 아니라 후대에 창작된 것으로 추정됩니다. 뛰어난 서예가였던 한석봉의 명성이 후대로 갈수록 더욱 커져, 그의 삶을 더욱 극적으로 재구성하려는 시도가 있었음을 보여 줍니다. 역사를 이야기할 때는 항상 먼저 그 내용이 사실인지 확인하는 과정이 얼마나 중요한지를 보여 주는 사례라고 하겠습니다.

28

조선시대에 읽으면 안 되는 책도 있었을까?

조선은 유학을 숭상한 나라였습니다. 왕에 대한 충성과 조언, 부모에 대한 효도, 집안일, 농업과 상업 등 정치, 사회, 경제의 모든 영역이 유학 이론을 중심으로 운영되었습니다. 이러한 배경 속에서 유교 경전은 삶의 기준이 되었을 뿐 아니라 글쓰기의 표준으로도 자리 잡았습니다.

그런데 여기서 한 걸음 더 나아가 유교 경전과 다른 문체로 글을 쓰는 것을 금지하고, 그러한 문체로 쓰인 책을 읽지 못하게까지 한 왕이 있었습니다. 유교 경전의 문체만을 따라야 한다고 주장했던 이 엄격한 왕은 바로 정조로, 유교 경전과 당나라, 송나라 문학에서 사용된 문체만을 따르도록 권장하거나 강제했습니다.

아직 다
못 읽었는데...

떼잉, 잡스럽구나!

　그가 펼친 이러한 전면적인 문체 개혁 정책을 **문체반정**文體反正이라고 하는데, 문체 개혁 정책을 폈던 정조는 여러 차례 신하들의 문체를 지적했고, 부적절한 책을 불태우거나 문체를 잘못 사용한 성균관 유생들을 처벌했습니다. 대표적인 사례가 정조 11년(1787)에 일어난 사건입니다. 예문관에서 숙직을 서던 신하 김조순과 이상황이 당나라와 청나라의 소설을 읽다가 발각됐습니다. 정조는 두 신하에게 경전 공부에 전념하고 잡스러운 책을 보지 말라고 엄명을 내렸으며, 적발된 책들을 모두 불태워 버렸습니다.

　더욱이 정조 16년(1792)에는 이옥이라는 성균관 유생이 경전 문체가 아닌 소설 문체를 써서 다른 선비들에게 나쁜 영향을 끼친다며, 그를 잠시 군대에 보내 처벌하기까지 했습니다. 이 일이 있은 후 정조 20년(1796), 이옥이 과거에서 1등으로 합격하는 뛰어난 실력을 보여 주었지만, 정조는 이옥이 제출한 답안지의 문체가 잘못되었다며 합격자 중 최하위로 강등시켜 버렸습니다. 이후 이옥은 왕에게 잘못된 문체를 쓰는 사람이라고 낙인이 찍혀 버린 탓에 벼슬길에 제대로 나아가지 못했습니다. 참고로 정조는 정약용의 활솜씨를 나무라며 "화살 100발 중 최소한 20발은 과녁에 맞출 때"까지 그를 잠시 군대에 보내기도 했습니다. 활을 제대로 쏘지 못해 군대에 간 정약용부터 문체를 지키지 못해 군대에 간 이옥까지, 정조는 군대를 참 애용했던 왕이었던 것 같습니다.

조선의 저명한 유학자 박지원도 문체반정의 영향을 받았습니다. 박지원은 사신단에 참가하여 청나라를 방문한 경험을 『열하일기熱河日記』로 남겼는데, 정조는 『열하일기』의 문체가 잘못되었다며 속죄의 뜻으로 올바른 문체를 사용한 글을 지어 올리라고 지시했습니다. 이에 박지원은 농사법을 정리한 책 『과농소초課農小抄』와 토지개혁안인 『한민명전의限民名田議』를 지어 바쳤고, 왕은 두 글이 훌륭하다며 칭찬했다고 합니다.

글이 마음에 안 드니
군대에 다녀오거라!

어찌 그리
군대를 좋아하시나...

입영통지서

이처럼 정조가 문체를 과도하게 제한하고 금서를 지정한 것으로
유명하지만, 사실 조선시대 전반에 걸쳐 여러 금서가 존재했습니다.
세상을 현혹하고 백성들을 속인다는 이유로 많은 책이 탄압받았는
데, 조선의 멸망과 정씨 왕의 즉위를 예언한 『정감록鄭鑑錄』이 대표
적인 금서였습니다. 이 외에도 각종 예언서와 도교의 영향을 받은
서적들이 금서 목록에 올랐습니다. 그리고 조선 후기에는 천주교
관련 서적이 금서가 되었고, 19세기 말에는 동학의 경전인 『동경대
전東經大全』과 『용담유사龍潭遺詞』도 금서로 지정되었습니다. 주로 유
학을 정면으로 부정하거나 체제 유지에 위협이 되는 서적들이 금서
로 지정되었음을 알 수 있습니다.

오늘날 우리는 범죄와 연관된 저작물이나 체제 선전물 등 극히
일부를 제외하면, 모든 책과 영화, 음악을 자유롭게 접할 수 있게 되
었습니다. 금지된 저작물이라 해도 연구나 공익적 목적이 있다면

비교적 쉽게 접근할 수 있습니다. 다양한 사상과 표현이 제한되었던 답답한 과거 사회와 비교하면, 지금은 훨씬 더 자유로운 환경에서 살고 있는 것 같습니다.

29

조선의 백자들은
왜 대부분 아무 무늬가 없었을까?

　오늘날 조선시대 도자기 중 가장 널리 알려진 것은 백자입니다. 순백색 표면에 엷은 청백색 광택이 감도는 백자는 신비로운 느낌을 자아내며, 무늬 없이 단색으로 이루어져 있어 깔끔하고 단아한 멋을 지니고 있습니다. 그런데 여기서 주제의 의문이 생깁니다. 왜 조선의 백자들 대부분에 아무 무늬가 없었을까요? 그때는 단순히 사람들이 순백 도자기를 더 선호했던 걸까요?

　주제의 질문에 답하기 위해서는 우선 조선 도자기의 유행 변화에 대해 알아야 합니다. 조선 전기에는 고려청자의 전통을 이어받은 **분청사기**가 유행했습니다. 분청사기는 회색빛을 띤 검은색 고령토로 그릇의 기본 형태를 만든 뒤, 백토로 무늬를 넣거나 표면을 장식해 유약을 발라 구워 완성하는 방식이었습니다. 이후 유행이 변함에

분청사기 철화 연꽃 물고기 무늬 병(좌)과 백자 달항아리(우)
© 국립중앙박물관 소장

따라 그릇에 사용되는 회흑색 고령토의 비율이 점차 줄어들고 백토의 사용량이 늘어났습니다. 결국에는 도자기에 완전히 하얀 흙만을 사용하게 되었는데, 이것이 바로 **백자**입니다. 임진왜란 이후에는 조선의 도자기 대부분이 백자였다고 해도 틀린 말은 아니었습니다.

백자는 분청사기와 무늬를 넣는 방식이 달랐습니다. 회흑색 바탕에 하얀 흙으로 무늬를 표현한 분청사기와 달리, 백자는 하얀 바탕에 안료를 사용해 붓으로 무늬를 그려 넣었습니다. 아무래도 백자는 표면이 하얗고 분청사기보다 균일하기 때문에 붓으로 정밀하고 다양한 무늬를 그리기에 더 적합했습니다. 그런데 흥미로운 점은 오늘날 가장 유명한 조선 도자기가 무늬 없는 달항아리인 것처럼, 조선백자 중에 무늬가 있는 작품은 많지 않다는 사실입니다. 가장 큰 이유는 바로 무늬를 그리는 데 사용되었던 안료가 매우 비쌌기 때문입니다.

일반적으로 백자의 무늬에는 파란 염료가 사용되었습니다. 백자 유약의 독특한 빛깔이 청색과 어울리기도 했고, 사람들도 백색과 청색의 조화를 선호했기 때문입니다. 그리고 이렇게 흰 바탕에 푸른 안료로 무늬를 그린 자기를 **청화백자**라고 합니다. 당시에는 청색 안료인 코발트cobalt가 아라비아에서 생산된다고 여겨 '회회청回回靑'이라 불렀는데, 회회청은 전량 외국에서 수입해야 해서 구하기가 매우 어려웠습니다.

그나마 15세기 세조 초기까지는 비싼 값을 주고라도 중국에서 코발트를 수입할 수 있었지만, 중국 내에서도 청색 안료의 수요가 높아지자 구하기가 더욱 어려워졌습니다. 상황이 이렇다 보니 예종 대에는 코발트를 구해 오는 사람에게 벼슬과 상품을 하사하겠다는 명령까지 내려지기도 했습니다.

조선 정부는 코발트를 대체하기 위해 청색 빛깔을 내는 안료를 백방으로 찾아다녔습니다. 실록에는 국내에서 청색 안료를 발견했다는 기록이 존재하기는 하지만, '회회청과 비슷한 돌' '회회청과 비슷한 흙' '토청' 등으로 표현한 것을 보면 코발트를 완전히 대체할 만한 품질의 안료는 아니었던 것으로 추정됩니다. 실제로 조선 전기에 제작된 청화백자나 국내에서 채굴되는 광석을 분석해 보면, 안료에 코발트 함량이 적고 철분 함량이 많아 청색보다는 갈색이나 흑색이 더 진하게 나타나는 문제가 있었습니다. 이러한 한계로 인해 아예 철 계열 안료로 갈색이나 흑색 무늬를 그린 **철화백자**가 유행하기도 했습니다.

코발트 부족 상황은 18세기 서양에서 청색 안료가 수입되면서 해결되었습니다. 서양에서 저렴하게 청색 안료를 합성 제작할 수 있는 방법이 개발되면서 청나라와 조선의 안료 부족 문제가 해소된

것입니다. 그리고 18세기 후반부터 조선에서도 다시 청화백자가 많이 생산되었습니다.

예술품이나 공예품의 발전 과정에는 당대의 미적 취향과 유행이 큰 영향을 미치지만, 재료의 수급이나 경제적 여건 같은 현실적 조건 역시 못지않게 중요한 영향을 미칩니다. 조선백자는 이를 잘 보여 주는 대표적인 사례입니다. 조선백자는 순백의 아름다움을 추구하기 위해 만들어지기도 했지만, 청색 안료를 구하기 어려웠던 당시 상황 때문에 만들어지기도 했습니다. 안료 수급 문제가 해결되자 청화백자가 바로 다시 유행하기 시작했다는 사실을 통해 분명히 확인할 수 있습니다.

30

통영 지역은 왜
전통 공예로 유명한 걸까?

　남해안에 위치한 도시 통영은 해산물과 아름다운 풍광뿐 아니라 다양한 전통 공예품으로도 유명합니다. 조개껍데기를 가공해 나무에 박고 옻칠한 나전칠기를 비롯해 갓, 부채, 농기구, 말 안장 등 여러 전통 공예품이 이곳에서 생산되고 있습니다. 바닷가의 작은 도시가 어떻게 전통 공예의 중심지가 되었을까요?

　주제의 질문에 답하기 위해서는 우선 도시의 이름에 담긴 역사를 알아야 합니다. 통영이라는 지명은 그 지역에 있던 군사기관인 통제영統制營에서 유래했습니다. 통제영은 '삼도수군통제영'의 줄임말로, 전라도, 충청도, 경상도 3개 도의 수군을 통합 지휘하는 병영이라는 뜻입니다. 삼도수군통제영은 16세기 말 임진왜란 시기에 3도의 수군을 효율적으로 통합하고 지휘하기 위해 창설되었고, 임진왜란이 끝난 후 상설 기관으로 자리 잡았습니다. 그리고 17세기 초부터는 통제영 건물을 비롯한 여러 시설이 이곳에 들어섰습니다.

오늘날 군대는 일부 특수 무기를 제외한 군용품 대부분을 외부 업체에 주문하여 조달합니다. 하지만 마땅한 군용 시장이나 공장이 없었던 과거에는 군에서 필요한 물품을 병영에서 직접 만들어야 했습니다. 특히 수군 전체를 통솔하는 사령부였던 삼도수군통제영은 다른 군영보다 많은 군수품이 필요했기에 대규모 공방을 설치해 함께 운영했습니다.

19세기 후반 기록에 따르면 임진왜란 직후 통제영 창설과 함께 공방 12개소가 설치되었다고 합니다. 임진왜란 발발 후 거의 300년이 지난 시점에 작성된 기록이므로 공방의 정확한 설치 시기를 단정하기는 어렵지만, 적어도 19세기에는 12공방이 확실히 존재했음을 알 수 있습니다. 이를 방증하듯 이순신의 『난중일기』에도 병영

에서 직접 무기를 생산한 기록이 있어, 통제영 설립 직후부터 장인들의 물품 생산이 이루어졌음을 보여 줍니다. 통제영에서는 군에서 필요한 물품뿐 아니라 중국으로 가는 사신이 들고 가는 물품과 왕에게 바치는 진상품까지 생산되었습니다.

통제영에서 생산되던 또 한 가지 주요 물품은 바로 동전이었습니다. 당시 조선군의 주력 무기였던 화포와 조총 제작에 가장 많이 사용되는 금속은 구리였는데, 공교롭게도 조선 후기에 유통된 금속화폐인 상평통보 역시 구리를 주원료로 만들어졌습니다. 당시 한반도에서는 구리가 잘 나지 않았기 때문에 구리는 대부분을 일본에서 수입해야 했던 귀한 금속이었습니다. 그러나 통제영은 무기 제작을 위해 다른 기관보다 구리를 많이 보유하고 있었고, 숙련된 장인들 또한 많이 있어 동전 생산에 적합한 조건을 갖추고 있었습니다. 참고로 현재 우리나라에 유일하게 남아 있는 동전 주조 유적 역시 통

영에 위치하고 있습니다.

이처럼 군사적 요충지이자 수공업 생산의 중심지였던 통제영은 고종 32년(1895) 신식 군제 개편 과정에서 폐지되었습니다. 통제영이 폐지된 후 그곳에서 일하던 장인들은 민간을 대상으로 물건을 만들어 팔아 생계를 이어 갔고, 근현대의 여러 부침 속에서도 망건, 부채, 가구 제작 등의 전통 기술은 현재까지 이어져 내려오고 있습니다. 특히 나전칠기는 일본인들에게 큰 인기를 끌어 일제강점기와 해방 이후에도 그 명맥이 유지되었었으며, 이 기술을 전승한 장인들은 무형문화재로 인정받기도 했습니다.

21세기에 들어서 정부는 서울대학교 규장각에 소장된 19세기 통영 지도를 바탕으로 12공방의 복원 작업을 진행했고, 당시 12공방의 목록은 다음과 같습니다.

· 선자방: 부채 제작

· 상·하 칠방: 각종 제품 옻칠

· 화원방: 군사용 그림과 장식용 그림 제작

· 야장방: 철물 주조 및 연마

· 화자방: 신발 제작

· 입자방: 패랭이 및 갓 제작

· 총방: 말총을 재료로 하는 갓, 망건, 탕건, 유건 제작

· 소목방: 문방구 및 생활 가구 제작

· 상자방: 버드나무, 싸리나무, 대나무 등으로 상자 제작

· 안자방: 말 안장 제작

· 은방: 금·은을 사용하여 장신구 제작

· 주석방: 각종 공예품에 장식하는 장석 제작

오늘날 전통 공예 기술들은 전통 공예를 넘어 액세서리, 컵 받침, 쟁반 등 현대적인 소품에도 다양하게 활용되고 있습니다. 전통 공예 기술을 현대적으로 재해석한 제품으로 자신만의 개성을 표현해 보는 것도 좋겠습니다.

31

궁중 악사가 왕 앞에서
연주를 실수하면 어떻게 됐을까?

유교를 통치 이념으로 삼은 조선 정부는 인간을 교화하여 하늘의 이치를 실현하고 이상적인 사회를 만들려 했습니다. 특히 유교에서 인간 교화의 핵심 도구로 제시한 것은 **예禮**와 **악樂**이었는데, '예'는 혼례, 상례, 손님 대접, 군대 사열 등 인간이 사회에서 관계를 유지하기 위해 행해야 할 여러 일들을 의미하며, '악'은 우리가 일반적으로 알고 있는 음악을 뜻합니다. 유학자들은 음악을 통해 사람들의 성격을 바람직한 방향으로 변화시키고 화합을 이룰 수 있다고 믿었습니다. 그만큼 음악은 이상 사회 실현을 위한 중요한 수단으로 여겨졌고, 유교 경전에서 제시하는 원칙에 따라 제사와 각종 의례에서 연주되었습니다.

조선 정부는 이런 음악의 연주와 관리를 전담하는 기관인 장악원

掌樂院을 두었는데, 『경국대전』에 따르면 장악원 소속 예술인은 무려 1000여 명에 달했습니다. 이들은 연주자, 무용수, 성악가 등 다양한 분야의 예술인들로 구성되었으며, 모두 실기시험을 통해 선발되었습니다. 의학이나 외국어 등 다른 기술 시험이 주로 책을 중심으로 지식을 평가했던 것과 달리, 장악원은 실제 연주를 전담했던 기관이었던 만큼 직접 수험자들의 연주 실력을 평가했던 것으로 보이고, 시험에서 연주되었던 구체적인 곡명 또한 『경국대전』에 명시되어 있습니다.

그렇다면 이렇게 엄격히 선발되어 중요한 국가 행사에서 연주를 맡았던 악공들이 연주 중에 실수하거나 부족한 모습을 보이면 어떻

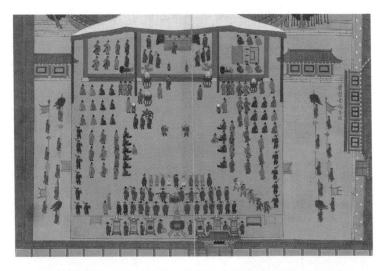

궁중 기록 화첩 『기사계첩』 중 연회 장면을 그린 〈경현당사연도景賢堂錫宴圖〉.
무대 앞쪽에 악공들이 묘사되어 있다. (ⓒ 국립중앙박물관 소장)

게 되었을까요? 이에 관한 흥미로운 일화가 정조 대에 전해집니다.

세밀하고 철저한 관리 능력으로 유명했던 왕 정조는 음악에도 남다른 관심과 철저함을 보였습니다. 정조의 언행 가운데 후대에 교훈이 될 만한 내용을 모은 『일득록日得錄』이라는 책이 있는데, 여기에 정조가 장악원의 연주 실력이 부족하다고 여러 차례 지적한 기록이 남아 있습니다.

근래 장악원 음악이 점차 빨라져 조화로운 박자를 잃고 있다. 듣기로는 세종 대 처음 음악을 만들었을 때에는, 왕이 행차할 때마다 앞뒤의 고취[임금이 나들이할 때 연주한 음악]가 숭례문에서 출발해 운종가[현재 종로사거리 일대]에 도착할 때 1장이 끝나고, 운종가에서 혜정교[현재 광화문우체국 북쪽]에 이르면 2장이 끝나고, 혜정교에서 광화문에 이르면 3장이 마무리되었다고 한다.

그런데 요즘은 연습을 제대로 하지 않아 관약[관악기]과 종경[타악기]이 조화를 이루지 못하고 있다. 『주례』에는 매달 상정일에 악정[음악을 관장하는 관리]이 취악[음악 중 하나]을 연습시킨다고 하였다. 우리 왕조는 매달 2일, 6일, 12일, 16일, 22일, 26일에 음악을 연습하는 법이 있으니, 경들은 유의해 따라 행하여 정악[전통 궁중음악]이 조화롭고 아름답게 연주되도록 하라.

－『일득록』'정사' 1, 현대어로 편역

정조는 당시 곡의 연주 속도가 지나치게 빨라진 것을 심각하게 우려하며, 이를 지적하기 위해 세종 시대의 기록을 예로 들었습니다. 특히 당시의 정확한 연주 속도를 구체적으로 언급하며 장악원 악공들의 문제점을 날카롭게 지적했고, 연습 부족을 질책하면서 신하들에게 연습에 더욱 정진할 것을 엄중히 명령했습니다.

연주 실수나 실력 부족이 곧바로 처벌로 이어지지는 않았지만 조선의 왕, 그것도 세세한 것까지 꼼꼼하게 살폈던 정조로부터 직접 긴 시간 질책을 받았다는 것은 장악원 관리들에게 크나큰 부담이었을 것입니다. 더구나 하늘의 뜻을 반영하는 중요한 음악이 별로라는 지적을 받은 것이니, 그들의 절망적인 심정을 충분히 짐작할 수 있습니다.

악공들의 처우는 어땠을까?

오늘날에는 예술가들이 대중의 사랑과 존경을 받지만, 조선시대의 예술인들은 이와는 완전히 다른 대우를 받았습니다. 이는 장악원 소속 예술인들의 처우에서 잘 드러나는데, 장악원을 총괄하는 소수의 고위 관리들을 제외하면 장악원에 속한 악공들 대부분은 공노비 신분이었습니다. 물론 일부 양인 신분의 악공들도 존재하긴 했지만 이들 역시 일반 관리들보다 낮은 대우를 받았습니다. 조선 정부는 음악 그 자체는 매우 중시했으면서도, 정작 음악을 연주하는 예술인들은 쉽게 교체할 수 있는 존재로 여긴 것입니다. 악공들의 연주 실력을 엄격히 질책한 만큼 그들의 처우 개선도 함께 이루어졌더라면 하는 아쉬움이 남습니다.

32

조선시대에도
제품 리뷰가 있었을까?

17세기 말, 유럽 예수회 선교사들이 청나라에 머물면서 선진 서양 문물이 중국에 유입되기 시작했습니다. 당시 청나라와 외교적, 경제적으로 긴밀한 관계를 맺고 있던 조선은 베이징을 통해 이러한 서양 문물을 접할 수 있었고, 그 결과 시계, 안경, 세계지도 등 다양한 물품들이 조선에도 전해졌습니다. 이 가운데 조선 미술에 특별한 영향을 미친 물건이 바로 카메라 옵스큐라Camera Obscura입니다.

카메라 옵스큐라는 라틴어로 '어두운 방'을 의미하는 광학 장치로, 작은 구멍에 설치된 렌즈를 통해 들어온 빛이 어두운 공간 반대편에 상을 거꾸로 맺히게 하는 원리를 이용한 도구입니다. 현대 사진기의 원형으로 평가받는 이 장치는 19세기 최초의 사진기 제작에도 직접적인 영향을 미쳤습니다. 당시 사진기는 카메라 옵스큐라의 상이 맺히는 면에 감광물질을 발라 결과물을 떼어 내는 방식을 사용했는데, 한정된 면에 물체의 상이 또렷하게 맺히는 특성 덕분에 사실적인 묘사를 위한 유용한 도구로 활용되었을 것으로 보입니다. 이 덕분에 서양에서는 카메라 옵스큐라가 정밀한 회화와 데생의 발전에 기여한 것으로 추정됩니다.

카메라 옵스큐라가 청나라에 전해진 시기는 17세기 후반 이후로 추정됩니다. 조선에서는 **다산 정약용**이 이 장치를 직접 설치하여 구경한 경험을 「칠실관화설漆室觀畵說」이라는 글로 남겼는데, 제목을 해석하면 '어두운 방에서 경치를 감상한 이야기'라고 할 수 있습니다. 이 글에서 정약용은 카메라 옵스큐라를 우리식 한자어인 '칠실파려안漆室玻瓈眼'이라고 부르며, 카메라 옵스큐라의 설치 방법과 그것으로 볼 수 있는 화면에 대해 상세히 설명합니다. 그리고 그 쓸모를 다음과 같이 적었는데, 일종의 제품 리뷰를 남긴 겁니다.

초상화를 그릴 때 머리카락 하나까지 똑같이 표현하고 싶다면,
이 도구를 사용하는 것보다 더 좋은 방법은 없을 것이다.

－「칠실관화설漆室觀畵説」 현대어로 편역

실제로 카메라 옵스큐라를 활용해 그림을 그린 사례도 있습니다.
정약용은 이기양이 죽은 후 그의 묘지명을 작성했는데, 그 글에는
이기양이 정약용의 형 정약전의 집에 카메라 옵스큐라(칠실파려안)
를 설치한 후 벽면에 거꾸로 비친 자신의 모습을 화가에게 부탁해
그리도록 했다는 내용이 담겨 있습니다. 안타깝게도 이 초상화는
현재 전해지지 않지만, 명백한 기록이 남아 있는 만큼 카메라 옵스
큐라를 이용하여 그림을 그린 조선 최초의 사례로 추정할 수 있습
니다.

이 시기 조선의 그림들은 청나라를 통해 들어온 서양 화풍의 영
향을 받아 사물이나 풍경의 묘사가 점차 정밀해지고 있었습니다.
이에 일부 학자들은 조선 화가들이 초상화를 그릴 때 카메라 옵스
큐라를 활용했을 가능성을 제기하기도 합니다. 대표적인 예로 18세
기 후반 이명기가 그린 「유언호 초상」(보물 제1504호)을 들 수 있는
데, 이 초상화는 인물의 신장을 실제의 절반 정도로 줄여 표현한 작
품으로, 몇몇 학자는 이러한 신체 비례의 표현이 카메라 옵스큐라
로 인해 왜곡된 상을 반영한 결과일 수 있다고 주장합니다.

물론 이에 대한 반론도 제기됩니다. 18세기 강세황의 「안경설」에 따르면, 당시 조선은 정밀한 유리 렌즈를 제작할 기술이 없어서 중국이나 일본에서 수입한 렌즈나, 경주에서 제작된 수정 렌즈를 간신히 사용할 수 있는 정도였습니다. 이러한 렌즈로 카메라 옵스큐라를 만든다면 정밀한 상을 구현하기 어려웠을 것입니다. 따라서 설령 카메라 옵스큐라를 활용했다 하더라도 이는 단순한 보조 도구에 그쳤을 것이며, 실제 초상화는 주로 실물 관찰에 의존해 그렸을 것이라는 견해도 있습니다.

이렇듯 조선 후기 문화사에서 주목할 점은 제한된 대외관계에도 불구하고 서양의 화풍과 기술이 조선 회화에 깊은 영향을 미쳤다는 사실입니다. 17세기 이후에 강화도조약을 체결하기 전까지 조선은

카메라가 보여 주는
모습과 비슷하네!

유언호 초상
(서울대학교 규장각한국학연구원 소재)

청나라와 일본이라는 두 나라와만 제한적으로 교류하며 폐쇄적인 국제관계를 맺었지만, 이 좁은 창구를 통해서도 다양한 서양 문물이 유입되었으며 조선의 지식인들은 이를 적극적으로 수용하고 나름의 방식으로 활용했습니다.

5부

한 번쯤은 궁금했던
조선 사회 이야기

33

실록은 정말 있는 그대로
기록되었을까?

『조선왕조실록』은 사관들이 사명을 다하며, 때로는 목숨까지 걸고 사실만을 기록한 글로 알려져 있습니다. 가령 태종이 사관에게 자신이 사냥에 나선 것을 기록하지 말라 명령한 일화조차 실록에 남아 있다는 사실은 실록의 진실성을 상징하는 사례 중 하나로 자주 언급됩니다.

그러나 통념과 달리 실록의 내용은 정권 교체 이후 수정되거나 삭제되기도 했습니다. 그중 대표적인 사례로 류성룡에 관한 기록을 들 수 있는데, 류성룡은 남인 출신으로, 임진왜란 당시 영의정에 오른 재상이자 『징비록』을 저술한 인물입니다. 그러나 임진왜란이 끝날 무렵 류성룡은 반대파인 북인의 공격을 받으며 임금과의 관계가 멀어져 탄핵당했고, 광해군 대에는 북인이 정권을 장악하면서 입지가 더욱 좁아졌습니다. 이후 인조반정으로 광해군이 폐위되고 북인 세력이 대거 숙청되자 서인과 남인이 정권을 주도하게 되면서 새로운 국면이 열렸습니다. 이 과정에서 두 시기에 각각 실록이 편찬되었고, 당파 간의 관점 차이가 실록에 고스란히 반영되었습니다.

먼저 광해군 때 북인 정권 아래에서 정리된 실록인『선조실록』의 선조 30년(1597) 10월 16일 기사에는 류성룡의 부적절한 처신이 기록되어 있습니다. 실록에 따르면 류성룡이 휴가를 받아 안동에 왔는데, 어머니를 뵙자마자 정자에 자리를 잡더니 온 동네 선비들을 불러 술자리를 벌였다고 합니다. 자리에 참석한 선비 중 한 명인 배용길이 "휴가 기간에 부모님을 모시기에도 부족할 터인데 여기서 술을 마시고 있는 것은 잘못된 행동이다"라고 지적하자 류성룡이 부끄러워하며 술자리를 파했다고 기록되어 있습니다.

반면 인조반정 후 서인과 남인이 주도한 정권 아래에서 정리된 실록인『선조수정실록』의 선조 30년(1597) 12월 1일 기사에서는

앞의 일화를 정면으로 반박하고 있습니다. 류성룡은 평소 학문과 효행으로 명성이 높았으며, 아버지가 종기를 앓을 때는 직접 피고름을 빨아내기까지 했으니, 배용길의 비판에 대한 기록이 틀렸다는 것입니다. 이러한 상반된 기록을 통해 정권에 따라 실록의 기록 방향도 크게 달라졌음을 확인할 수 있습니다.

그런데 원본과 수정본을 함께 남겨 두어 그나마 공정성을 유지하려고 노력했던 류성룡의 일화와 달리, 아예 원본 기록이 소실되어 정부 기록만 보고는 사건 관계를 잘 알 수 없는 예도 있습니다.

바로 사도세자 관련 기록으로, 정조는 영조가 죽기 불과 한 달 전 영조에게 『승정원일기』에 기록된 아버지 사도세자 관련 내용을 삭제해 달라고 요청했습니다. 『승정원일기』는 왕명 출납을 담당한 승정원에서 작성한 기록으로, 기록 내용이 더욱 상세했습니다. 영조는 이 요청을 받아들여 『승정원일기』에서 사도세자에게 불리한 내용을 대부분 삭제하도록 명했습니다. 비사祕史, 즉 공개되지 않는 실록

에 이미 사도세자 관련 기록이 있으니 많은 사람이 열람할 수 있는 승정원일기에 참혹한 내용을 굳이 담을 필요가 없다는 명분이었습니다. 그리고 실제 『승정원일기』를 살펴보면 잘려 나간 장이 상당수 존재하고, 삭제된 부분에는 "이하 네 행은 삭제됨. 병신년(1776) 왕명에 따라 초고를 폐기하였음"과 같은 표기가 남아 있습니다.

그렇다면 영조가 기록을 삭제할 명분으로 내세웠던 『조선왕조실록』은 과연 사실을 있는 그대로 담았을까요? 안타깝게도 그렇지 않았습니다. 정부 기록이 아닌 『한중록』 등의 다른 기록을 보면, 사도세자는 정신상태가 불안정하여 수많은 사람을 죽였고, 심지어 반역죄로 의심받을 만한 발언까지 했다고 합니다. 그러나 『영조실록』에

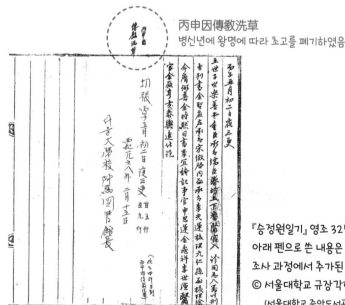

丙申因傳教洗草
병신년에 왕명에 따라 초고를 폐기하였음

『승정원일기』 영조 32년 5월 2일 기사.
아래 펜으로 쓴 내용은 1968년 자료
조사 과정에서 추가된 메모.
© 서울대학교 규장각한국학연구원
(서울대학교 중앙도서관 소장)

는 사도세자의 이러한 악행이 거의 기록되어 있지 않습니다. 심지어 사도세자를 폐위하고 평민으로 강등할 때 내린 명령문조차 누락되어 있습니다. 영조의 뒤를 이어 즉위한 왕이 바로 사도세자의 아들 정조였기에 정조 치세에 편찬된 『영조실록』에 사도세자에게 불리한 내용이 많이 포함되기는 어려웠을 것으로 보입니다.

이상의 사례를 통해, 사료를 읽을 때는 설령 신뢰할 만한 인물이 정밀하게 작성한 글이라 해도 비판적으로 접근해야 한다는 사실을 알 수 있습니다. 아무리 유능한 사관이라도 정치적 상황에 따라 사실이 왜곡되거나 편향된 관점이 반영될 가능성이 있기 때문입니다.

34

적의 침입을 알리는 봉화는
얼마나 빨리 전달됐을까?

조선은 왜구의 침략과 여진족의 습격 등 국경 지역에서 발생하는 다양한 위협에 늘 대응해야 했습니다. 특히 왜란과 두 차례의 호란 같이 대규모 정규군의 침공을 겪으면서, 국경 방비의 중요성은 더욱 커졌습니다. 이에 조선 정부는 적의 침입을 신속하게 알리는 경보 체계로 봉수烽燧, 즉 **봉화** 체계를 발전시켰습니다.

봉화는 다섯 개 신호 체계를 사용했습니다. 평상시에는 봉화 하나를 항상 피워 두었는데, 만약 봉화가 하나도 보이지 않는다면 이는 급습을 받아 불을 피울 시간조차 없는 매우 위험한 상황임을 뜻했습니다. 따라서 어떤 상황에서도 봉화 하나는 반드시 피워 놓도록 했습니다. 이어서 적군이 멀리서 관측되면 두 개, 국경에 근접하면 세 개, 국경을 침범하면 네 개, 교전이 벌어지면 다섯 개의 봉화를 올렸습니다. 이러한 신호 체계에서 알 수 있듯이, 봉화는 국경의 상황을 한양에 전달하는 용도로만 사용되었고 내륙의 상황을 국경에 전달하는 데에는 사용되지 않았습니다.

봉수 체계는 총 다섯 개 경로로 구성되었습니다. 제1로는 함경도 경흥에서, 제2로는 현재의 부산인 동래에서, 제3로는 평안도 강계에서, 제4로는 평안도 의주에서, 제5로는 전라도 여수에서 각각 출발해 한양으로 도달했습니다. 봉수 경로는 험준한 태백산맥과 개마고원, 그리고 높은 산이 적은 태안반도 지역을 제외하고는 최대한 국경선을 따라 설치하여 감시의 빈틈이 없도록 했는데, 19세기 초의 기록인 『만기요람萬機要覽』에 따르면 전국에 설치된 봉수대의 총 숫자가 무려 622기에 달했다고 합니다.

그렇다면 봉수대 하나에는 얼마나 많은 인원이 배치되었을까요?

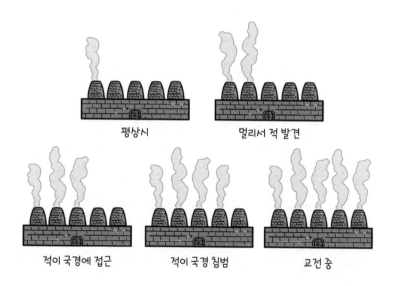

평상시　　　　　멀리서 적 발견

적이 국경에 접근　　　적이 국경 침범　　　교전 중

봉수는 24시간 운영되어야 했기 때문에 많은 교대 인원이 필요했고, 이 인원을 지원할 인력도 필요했습니다. 19세기의 기록인『호서읍지湖西邑誌』에 따르면, 충청도의 경우 봉수대 1기당 총책임자인 별장 1명, 부관인 감관 5명, 병졸인 봉수군 25명, 그리고 이들을 뒷바라지하는 인력인 봉군보 75명이 배치되었습니다. 이 중 총책임자인 별장은 실제 근무에 참여하지 않았고, 나머지 인원들은 5교대 근무로 구성되어 1교대마다 감관 1명, 봉수군 5명, 봉군보 15명이 일했습니다. 이처럼 하나의 봉수대를 유지하는 데만 100명이 넘는 인원이 필요했습니다. 군인 신분인 별장, 감관, 봉수군만 계산하더라도

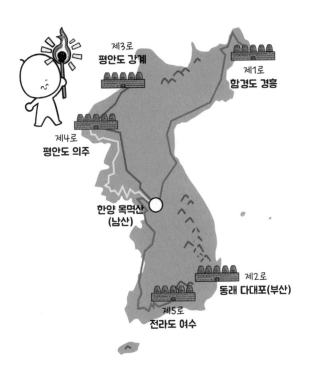

근무 중 이상 무!

관계자 외
접근 금지

전국의 봉수 체계를 운영하는 데는 1만 9000여 명이 넘는 군사력이 동원된 것입니다.

그런데 이렇게 많은 인력을 동원하여 세밀하게 구축된 봉수 체계는 과연 필요할 때 제대로 작동했을까요? 안타깝게도 실제로는 거의 제 기능을 하지 못했습니다. 우선 봉수대가 산꼭대기에 위치한 탓에 상황을 파악하거나 정보를 전달받는 데에 시간이 많이 걸렸습니다. 또한 안개나 구름, 바람 등의 기상 조건으로 인해 불빛이 잘 보이지 않아 신호 연결이 끊어지는 경우가 많았습니다. 심지어 임진왜란 때에도 봉수가 제대로 작동하지 않았다고 합니다.

그리고 봉수가 제대로 작동했더라도 전달 속도가 매우 느렸을 것으로 추정됩니다. 중종 대 기록에 따르면, 조선 건국 초기에 시험 삼아 변방에서 봉화를 올렸는데, 한양까지 그 신호가 도달하는 데 무려 5일에서 6일이나 걸렸다고 합니다. 이는 사람이 직접 말을 타고 전달하는 것보다 느린 속도로, 봉수 운영이 얼마나 허술했는지를 잘 보여 줍니다.

　이러한 한계로 인해 정부는 긴급 소식을 전달받는 데에 봉수 체계에만 의존할 수 없었고, 결국 임진왜란 중인 선조 30년(1597)에 파발마 제도가 시행됩니다. 조선 후기까지도 봉수제도는 계속 정비되고 유지되었으나, 정작 위기 상황에서 제 역할을 한 경우는 찾아보기 어려웠습니다. 많은 인력과 노력을 들인 제도치고는 매우 안타까운 결과라 하겠습니다.

35

조선의 한 냥은
지금 돈으로 얼마일까?

조선 정부는 17세기 말부터 전국에 동전을 도입했습니다. 그러나 그 보급 속도는 지역마다 달랐는데, 지방에서는 19세기가 될 때까지 동전이 실제 거래에서 잘 사용되지 않았던 것으로 추정됩니다. 왜냐하면 이전까지 조선은 쌀과 목면을 화폐로 사용해 왔고, 그중 쌀은 계속 핵심 화폐로 쓰였기 때문입니다. 또 고액 거래나 국제무역을 할 때도 귀금속인 은이 사용되었기에 동전 사용이 일반화되기 어려웠습니다. 따라서 동전 보급 이후에도 사실상 쌀이 화폐 역할을 했다는 사실을 염두에 두고 조선의 동전에 대해 알아보겠습니다.

조선 동전은 푼分, 전錢, 냥兩, 관貫이라는 단위를 사용했습니다. 동전 1개를 1푼이라고 했으며, 10푼은 1전, 100푼은 1냥, 1000푼은 1관이라고 했습니다. 보통 동전 100푼, 즉 1냥을 구멍에 끈으로 꿰어 꾸러미로 만들어 보관했는데, 단위 중 '관'에는 '꾸러미'라는 뜻도 있어서, 때로는 1냥과 1관이 똑같이 100푼의 의미로 사용되기도 했습니다.

한편 은은 무게 단위로 '냥'을 썼습니다. 조선 후기 출토 유물 기준 은 1냥은 35g이었고, 정부는 보통 은 1냥당 동전 200푼, 즉 2냥의 가치를 유지하는 것을 기준으로 삼았습니다. 냥이라는 단위가 동전을 셀 때는 개수가 되고 은을 잴 때는 무게가 되는 것이 혼란스러울 수도 있는데, 이는 보통 금속화폐가 초기에는 무게 단위로 거래되다가 동전이 만들어지면서 점차 개수 단위로 거래되었기 때문입니다. 그래서 과도기에는 무게 단위와 화폐 단위가 혼용되어 쓰이는 경우가 많았고, 이는 영국이 파운드를 화폐 단위와 무게 단위로 동시에 사용하는 것처럼 세계 각지에서 발견할 수 있는 현상입니다.

2024년 11월 기준으로 은 약 31.1g의 시세는 대략 4만 3000원입니다. 그러니 간단히 생각해 은 1냥(35g)의 가치는 약 4만 8400원,

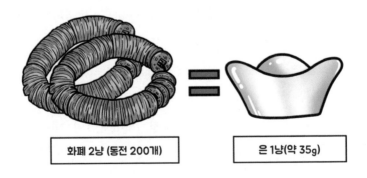

화폐 2냥 (동전 200개) = 은 1냥(약 35g)

동전 1냥의 가치는 그 절반인 약 2만 4200원으로 추정할 수 있을 것 같지만, 현재 시세를 기준으로 계산하기에는 조선시대 은의 가치가 지금과는 크게 다릅니다. 과거에는 은이 동아시아 국제교역의 주요 화폐로 사용되었고, 명과 청나라에서는 세금 납부 수단으로도 쓰였습니다. 또한 채굴량도 훨씬 적어 은의 가치가 지금보다 훨씬 높았습니다.

다음으로 우리에게 좀 더 친숙한 쌀과 동전의 가치를 비교해 보겠습니다. 조선 정부는 공식적으로 쌀 1석을 5냥으로 쳤습니다. 당시 쌀 1석의 양은 정부 기준으로 쌀 15말(두), 민간 기준으로는 20말에 해당하는데, 정부 기준으로 계산하면 쌀 15말이 동전 1냥에 해당합니다. 조선 후기 기준으로 한 말은 약 5.7리터였으니, 쌀 한 석은 대략 86리터로 오늘날 쌀 한 가마니(약 90리터)의 양과 비슷합니다. 2024년 기준으로 쌀 한 가마니의 가격이 대략 18만 원임을 감안하면, 당시 동전 한 냥의 가치는 약 3만 6000원 수준이었을 것으로 보

입니다. 다만 현재는 쌀 생산량이 조선시대 때보다 훨씬 많고, 1인당 쌀 소비량도 적기 때문에 쌀의 가치가 조선시대보다 현재 훨씬 낮다는 점을 고려해야 합니다.

그렇다면 부피와 무게에 따른 단순 비교가 아니라 '체감상' 가격은 어느 정도였을까요? 식사에 사용되던 금액을 기준으로 살펴보겠습니다. 임진왜란 때 작성된 일기 『쇄미록鎖尾錄』에 따르면, 조선의 일반적인 성인 남자는 한 끼에 쌀 7홉 이상을 먹었다고 합니다. 당시에는 하루 두 끼를 먹는 것이 원칙이었으므로, 하루 식사량은 대략 15홉, 한 달 식사량은 총 450홉이었을 것으로 추정할 수 있습니다. 이때 100홉이 1말에 해당하므로 한 달 식사량은 대략 4.5말에 해당하고, 이를 조선 동전으로 환산하면 성인 남성의 한 달 평균 식비가 약 1냥 5전 정도 되었을 것으로 볼 수 있습니다.

국무조정실에 따르면 2023년 기준 1인 가구가 한 달 식비(식료품)로 소비하는 금액이 평균 48만 원입니다. 많은 추정과 가정이 포함

된 값이지만, 이를 조선시대 성인 남성의 한 달 식비 1냥 5전에 대입해 보면, 1냥의 체감상 가치는 약 32만 원 수준으로 추정됩니다. 1냥이 결코 적은 금액은 아니었음을 알 수 있고, 사극에서 자주 나오는 국밥 한 그릇에 동전을 꾸러미째 내미는 장면은 실제와는 거리가 먼 각색된 장면으로 보입니다. 게다가 1냥은 동전 100개로 이루어져 있었기 때문에 한 냥을 들고 다니며 지불하는 것도 현실적으로 불가능했을 것입니다.

다만 하나 고려해야 할 점은 쌀의 가치가 풍년과 흉년에 따라 크게 변동했다는 사실입니다. 『조선왕조실록』에 따르면 쌀값이 비쌀 때는 동전 한 냥으로 쌀 한 말을 겨우 살 수 있었던 반면, 풍년에는 동전 한 냥으로 쌀 한 석을 모두 살 수 있기도 했습니다. 가격 차이가 무려 열 배가 넘게 난 것입니다. 물론 요즘도 경제 상황에 따라 환율이 수십 원씩 오르내리곤 하지만, 당시에는 날씨에 따라 쌀 생산량의 변동 폭이 수십 퍼센트에 달했을 가능성이 높았기에 가격 변동이 훨씬 심했을 것으로 추정됩니다.

36

조선시대 과거 시험은
얼마나 치열했을까?

오늘날에는 원하는 대학에 입학하기 위해 대학 입시에 재도전하는 사례를 어렵지 않게 볼 수 있습니다. 그렇다면 조선시대 선비들도 좋은 성과를 얻기 위해 과거 시험에 재수를 했을까요? 오늘날의 수능 시험과 비교했을 때 과거 시험은 얼마나 치열했을까요? 결론부터 말하자면 선비들도 과거 시험에 재응시하기도 했고, 그 열기는 지금보다 훨씬 치열했습니다.

조선시대에 양반들이 가질 수 있는 직업은 제한적이었습니다. 과거에 합격하여 문관이나 무관이 되는 것이 가장 좋은 길이었는데, 이 중 더 좋은 대우를 받았던 문관이 인기가 많았습니다. 이는 과거에 합격하거나 관직에 임명된 사람이 왕에게 인사하는 '사은숙배'에서도 잘 드러나는데, 문관은 최하위 등급인 9품부터 인사를 올릴 수 있었던 반면 무관은 4품 이상이 되어야만 가능했습니다. 이를 통해 5품 이하의 무관은 제대로 된 관료 대우를 받지 못했음을 보여 줍니다.

그런데 과거를 치르지 않고도 관직을 얻을 수 있는 길이 있긴 했습니다. 훌륭한 공덕을 쌓은 조상의 후손에게 시험 없이 벼슬을 주는 음관 제도도 있었고, 지방에서 후학을 양성하며 유교 공부에 전념할 수도 있었습니다. 하지만 이 정도가 양반이 선택할 수 있는 직업의 전부였고, 대다수 양반은 특별한 사정이 없는 한 과거 시험을 준비했습니다. 문제는 최종 합격까지 거쳐야 할 관문이 너무 많고, 합격자 수는 극히 제한적이었다는 점입니다.

문관 선발 시험인 문과 시험을 기준으로 조선의 과거제도에 대해 설명해 보겠습니다. 과거 응시자들은 우선 생원이나 진사가 되어야 했습니다. 생원과 진사를 선발하는 시험을 **소과**라고 하는데, 이는 벼슬을 받을 수 있는 시험은 아니지만 유학적 소양을 인정받는 시험

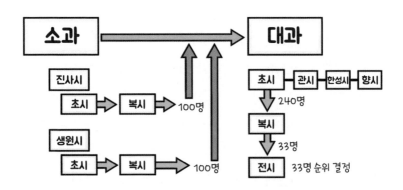

이었습니다. 소과는 3년에 한 번 시행되었으며, 1차 시험인 초시와 2차 시험인 복시로 나뉘었습니다. 초시에서는 생원 후보 700명, 진사 후보 700명을 뽑았는데, 각각 서울에서 200명, 지방에서 500명이 선발되었습니다. 2차 시험인 복시는 지역 할당 없이 생원 100명, 진사 100명을 최종 선발했습니다. 3년에 전국에서 단 200명만을 선발하는 시험이었으니, 소과를 통과하기도 쉽지 않았습니다.

소과에 합격해 생원이나 진사가 되면 본 시험인 문과 시험 응시 자격과 함께 성균관 입학 자격이 부여되었습니다. 꼭 성균관에 입학하지 않아도 문과에 응시할 수 있었지만, 문과 선발 인원 중 성균관에서 출석 등 일정한 요건을 충족한 학생들만 선발하는 별도 할당이 있었기 때문에 성균관에 입학하는 것이 유리했습니다.

본 시험인 문과 시험은 **대과**라고도 합니다. 대과는 소과와 마찬가지로 3년에 한 번씩 시행되었으며, 초시, 복시, 전시의 3단계로 진행되었습니다. 1차 시험인 초시에서는 총 240명을 선발했는데, 이 중

50명은 성균관 학생을 대상으로 한 관시에서, 40명은 서울 지역 응시자를 대상으로 한 한성시에서, 나머지 150명은 지방 응시자를 대상으로 한 향시에서 각각 선발되었습니다.

대과 초시에 합격한 240명은 2차 시험인 복시를 치렀고, 복시에서는 이들 중 상위 33명을 선발하여 최종 합격자로 결정했습니다. 마지막 시험인 전시는 임금 앞에서 치르는 시험으로, 이 시험을 통해 합격자의 순위가 매겨졌습니다. 전시에서 1등인 장원급제를 한 사람은 종6품부터 관직을 시작할 수 있었습니다. 반면 11위 이하는 정9품부터 벼슬을 시작했습니다. 관직 시작 품계부터 큰 차이가 있었기 때문에, 장원급제자는 관직 생활을 순조롭게 이어 갈 경우 최고위직까지 승진할 가능성이 매우 높았습니다.

이처럼 문과 시험은 생원 시험부터 최종 합격까지 최소 5개의 관문을 통과해야 하는 매우 어려운 과정이었으며, 3년에 한 번 선발되

친구는 장원이지만
진사라도 괜찮아.

나랏님
감사합니다!

는 인원도 단 33명에 불과했습니다. 재수는 거의 당연한 과정으로 여겨졌고, 평생 생원이나 진사가 되지 못한 사람들도 적지 않았습니다. 따라서 비록 벼슬을 받지 못하더라도 생원이나 진사에 합격만 해도 지방에서는 큰 존경을 받았습니다.

과거 합격 연도 통계를 보면 그 실상이 적나라하게 드러납니다. 15세에 합격한 사람도 있고 90세에 합격한 사람도 있지만, 문과 합격자의 평균 연령은 36.4세였습니다. 일반적으로 20세 전후로 시험에 응시하는 점을 감안하면, 합격자들은 평균적으로 약 16년간 수험생 생활을 했던 셈입니다.

실제로 역사에서 유명한 인물 중에서도 수험 생활이 짧지 않았던 사람들이 많습니다. 천 원 지폐의 모델로 잘 알려진 이황은 28세에 진사가 되었고, 그로부터 6년이 지나서야 문과에 급제할 수 있었습니다. 또한 암행어사로 유명한 박문수도 33세에야 시험에 최종 합격했습니다.

37

조선은 물가를
어떻게 잡았을까?

오늘날보다는 작지만 조선시대에도 시장이 존재했고, 화폐가 유통되었으며, 다양한 물건이 거래되었습니다. 상황에 따라 물가 변동이 있었기에 조선 정부도 민생을 위해 경제 상황에 신경을 썼습니다. 그렇다면 조선 정부는 물가를 어떻게 잡았을까요?

주제의 질문에 답하기 전에 한 가지 감안해야 할 점이 있습니다. 조선시대에는 사용되는 화폐가 단일하지 않았기에 현대적 의미와 완전히 상응하는 '물가' 개념이 존재하지 않았습니다. 동전이 전국적으로 유통되기 전에는 쌀과 목면이 화폐처럼 사용되었으며, 이들은 동전이 유통된 이후에도 여전히 화폐로 기능했습니다. 국제무역이나 고액 거래에서는 은이 화폐로 쓰이기도 했고, 현대와 같이 지역 간 연동성이 높은 상설 시장도 존재하지 않았습니다. 이러한 이유로 단일한 지수를 기준으로 당시 물가를 평가하기는 많이 어렵습니다.

그렇다면 조선 정부는 어떤 상황을 경제위기로 평가했을까요? 동전이 전국적으로 유통되기 전에는 쌀과 목면 생산량의 부족이 가장 큰 문제로 여겨졌습니다. 다시 말해, 흉년은 현대의 경제위기와 비슷한 상황으로 간주되었습니다. 쌀과 목면을 화폐로 쓰는 상황에서 만약 쌀과 목화 작황이 좋지 않다면 화폐량이 부족해졌고, 그 결과 같은 양의 쌀로 구매할 수 있는 물건이 많아지게 됩니다. 이는 오늘날로 치면 물가 상승이 아니라 물가 하락에 해당하는 상황이었습니다.

현대의 우리는 물가 하락을 거의 경험하지 못했기에 물가가 떨어지는 상황을 긍정적으로 볼 수도 있습니다. 그러나 조선시대에는 쌀과 목면이 부족한 경우가 더 심각한 문제였습니다. 당시에는 농업생산력이 지금처럼 높지 않았고, 보관 기술도 발달하지 않았

기 때문에 풍년이 들어도 남는 쌀이나 목면이 많지 않았으며, 그나마도 장기간 저장하기 어려웠습니다. 게다가 쌀은 식량으로, 목면은 옷감으로도 사용되었기 때문에 화폐량이 유지되지 않고 감소하는 것이 당연했습니다. 즉 물가가 항상 떨어지게 되었던 것입니다. 더욱이 쌀과 목면은 생존에 필수적인 재화였기에 화폐 부족은 사람들이 먹고 입는 문제로 직결되었고, 흉년에는 이 상황이 더욱 심각해졌습니다.

이에 정부는 흉년으로 화폐, 식량, 옷감이 모두 부족해지면 주로 백성들에게 식량을 나눠 주고 정부 재정을 절약하거나 세금을 줄이는 방식으로 위기를 극복하려 했습니다. 쌀과 목면의 양을 늘리기 위해서는 가난한 사람들을 돕는 동시에 정부 지출을 줄이는 방안이 가장 효과가 컸을 것입니다.

그러다 17세기 말 동전이 전국적으로 유통되면서 문제가 한층 더 복잡해졌습니다. 정부는 청나라와 일본 사이의 중개무역 이익을 통

물가가 폭락했으니 나라도 나서야지.

하여 일본에서 구리를 수입했고, 이 구리로 동전을 대량으로 만들 수 있게 되었습니다. 이 동전이 바로 상평통보입니다. 조선 정부는 상평통보의 적절한 가치를 은 1냥(약 37.5g)에 동전 200푼으로 정했습니다.

문제는 조선 정부가 오늘날과 같이 화폐량을 조절할 수 있는 다양한 방법을 갖추지 못했다는 것입니다. 현대 정부는 금리 조정, 국채 발행, 국채를 담보로 한 화폐 발행 등 다양한 방법으로 화폐량을 관리합니다. 그러나 조선 정부는 이처럼 세밀한 조절이 불가능했고, 시중에 풀린 동전을 다시 사들이거나 동전 발행량을 조절하는 것이 전부였습니다.

그런데 조선 정부는 대체로 재정 상황이 넉넉하지 않았기 때문에 시중에 유통된 동전을 사들일 여력이 충분하지 않았습니다. 그렇다고 동전을 마음대로 발행하기도 어려웠는데, 동전의 주재료인 구리가 일본에서 수입되는 귀금속이었기에 생산에 큰 비용이 들었기 때

상평통보 (© 국립중앙박물관 소장)

문입니다. 이렇게 동전을 새로 찍어 내기도, 거둬들이기도 쉽지 않다 보니 정부가 동전을 많이 풀면 동전 가치가 갑자기 떨어지고, 반대로 동전 생산이 중단되면 곧 동전 가치가 급격히 상승하는 현상이 벌어졌습니다.

게다가 조선 정부는 동전 사용이 늘어나면 사람들이 상업에만 몰두하고 농사를 짓지 않을까 염려했습니다. 그래서 동전 가치가 계속 오르는 상황에서도 동전 발행량을 섣불리 늘리지 못했습니다. 실제로 조선 정부는 17세기 말 동전을 대량으로 발행한 이후, 18세기 초까지 약 30년간 동전 발행을 중단했습니다. 동전 가치가 너무 올라 동전을 다시 발행해야 한다는 요청이 여러 차례 있었지만, 정부는 수십 년 동안 이를 실행하지 않았습니다.

이렇듯 조선의 왕과 관료들은 발행량을 마음대로 조절할 수 없는 동전과 흉년마다 생산량이 급격히 감소하는 쌀과 목면을 다루며, 부족한 재정 속에서 경제 위기를 극복해야 했습니다. 그들의 어려움이 쉽게 짐작됩니다.

38

조선시대에도
이혼할 수 있었을까?

오늘날에는 이혼이 더 이상 드문 일이 아니며, 부정적인 편견도 많이 사라졌습니다. 하지만 유교 정신에 투철했던 조선시대에는 어땠을까요? 결론부터 말하자면 국정 운영은 물론 개인의 가정생활까지 유교 원칙을 따르려 했던 조선에서 가정 질서를 어지럽히는 행위는 용납되지 않았고, 이혼은 웬만해서는 할 수 없는 최후의 수단으로 여겨졌습니다.

조선시대 법전에는 이혼과 관련된 조항은 단 두 가지뿐이었습니다. 우선 『경국대전』에는 "혼서를 받아 놓고 다른 사람과 혼인한 사람은 처벌하고 강제로 이혼시킨다"라는 조항이 있습니다. 혼서란 신랑집에서 예단과 함께 신랑의 생년월일을 적어 신붓집에 보내는 편지로, 혼서를 받은 신붓집은 혼인 날짜를 잡아 신랑집에 답장했고 이것이 혼인 승낙과 같은 의미였습니다. 그런데 이 절차 중 다른 사람과 혼인하게 되면 그 혼인을 무효로 한다는 뜻입니다.

다음으로 『속대전』에는 "역모에 연루된 집안의 후손이라도 함부로 이혼시킬 수 없다"라는 조항이 있습니다. 오늘날에는 배우자가 징역형 이상의 범죄를 저지른 경우를 이혼 사유로 인정하지만, 조선시대에는 심각한 죄인 역모조차도 이혼 사유로 받아들여지지 않았던 것입니다. 이 두 가지 조항을 제외하면 조선 법전에는 이혼 사유에 대한 별다른 규정이 존재하지 않았습니다.

다만 조선 관리들은 조선 법률에 명확한 규정이 없는 상황에서 판단을 내려야 할 때 명나라 법전인 『대명률』을 참고했습니다. 『대명률』에는 이혼 관련 조항이 존재했는데, 이에 따르면 이혼의 주체는 여성이 될 수 없었고, 남성의 결정으로 이루어졌습니다.

먼저 『대명률』에 따르면, 아내를 내보내거나 '이혼할 적법한 사유'가 없는데도 이혼한 남성은 장 80대에 처했습니다. 반대로 '반드

불허한다.

남편의 가문이 역모죄를 지었습니다. 이혼하게 해 주십시오.

시 이혼해야 할 사유'가 있는데도 이혼하지 않으면 역시 장 80대에 처했습니다. 여기서 '반드시 이혼할 사유'란, 아내가 동성혼, 근친혼, 중복 결혼 등 당대에 범죄로 여겨졌던 관계를 맺은 매우 특수한 사례였습니다.

또한 『대명률』은 남편이 아내와 이혼할 수 있는 아내의 일곱 가지 악행을 규정했는데, 이를 칠거지악七去之惡이라고 합니다. 아내가 시부모를 잘 섬기지 못하거나, 아들을 낳지 못하거나, 부정한 행위를 하거나, 질투가 심하거나, 한센병이나 뇌전증을 앓고 있거나, 말이 많거나, 남의 물건을 훔친 경우 이혼이 가능했습니다. 절도죄를 제외한 나머지 여섯 가지는 현대사회에서 죄로 간주되지 않는 요인들인데 주관적으로 해석할 수 있는 여지가 많아 남성이 원하면 이혼할 수 있는 것처럼 보일 수도 있습니다.

하지만 이러한 이혼 사유를 제한하는 조항 역시 『대명률』에 포함되어 있었습니다. 아내가 앞의 악행을 저질렀다 하더라도, 남편과

함께 부모의 삼년상을 치렀거나, 남편이 가난할 때 결혼했거나, 아내가 돌아갈 곳이 없는 경우에는 이혼할 수 없다는 규정이 있었고, 이를 삼불거三不去라고 합니다. 삼불거 조항 역시 주관적인 해석의 여지가 많았지만, 실질적으로는 남편이 함부로 이혼하지 못하도록 제한하는 역할을 했다고 볼 수 있습니다.

이 외에도 법전에 명시되어 있지는 않지만 실록에서 자주 찾아볼 수 있는 이혼 사유가 있습니다. 바로 천인 남자와 양인 여자가 결혼한 경우입니다. 신분 질서가 엄격했던 조선 사회에서 이는 큰 금기 사항으로 여겨졌습니다. 이러한 결혼이 적발되면 결혼을 주선한 양가 집안의 가장은 처벌받았으며, 결혼한 남자와 여자는 강제로 이혼당했고, 그 자녀들은 모두 공노비로 전락했습니다.

정리하자면 조선 시대는 남성 중심 사회였기 때문에 결혼과 관련된 법률은 남성의 입장을 반영하고 여성은 상대적으로 소외된 면

이 있었습니다. 그렇다고 해서 가정의 모든 결정을 남성이 마음대로 할 수 있었던 것은 아니었습니다. 가정 제도의 목표는 유학의 질서를 유지하는 데 있었고, 이를 위해 남성도 마음대로 이혼할 수 없도록 제한하는 규정이 필요했기에 이혼을 어렵게 만든 여러 법률은 남성의 전횡을 막기 위한 최소한의 안전장치로 볼 수 있습니다.

39

조선에도
위조 화폐가 있었을까?

    조선은 17세기 말부터 점차 금속화폐를 사용하기 시작했습니다. 여기에는 청나라와 일본 사이 직접 무역의 단절이라는 국제적인 배경이 있습니다.

    이 시기 청나라는 명나라를 정벌한 후 중국 남부 해안지대에 남은 반란군을 소탕하기 위해 해상무역을 차단했고, 일본은 금, 은, 동 등 귀금속 생산량이 감소하기 시작하면서 귀금속 유출을 줄이기 위해 국제무역을 축소하기 시작했습니다.

    이때 청나라, 일본 양국과 우호적 관계를 맺고 있던 조선은 두 나라 사이의 중개무역을 통해 막대한 이익을 거두었고, 이익을 바탕으로 일본에서 동을 수입해 동전을 발행하기 시작한 것입니다.

    문제는 동전 유통이 활발해지면서 동전 불법 주조도 점차 성행하기 시작했습니다. 동전 불법 주조는 주로 먹을 것을 구하기 힘든 흉년기에 성행했는데, 특히 1695년부터 1697년까지 지속된 을병대기근 시기에 동전 불법 주조가 활발했습니다. 얼마나 활발했느냐면 적발된 건수가 워낙 많아 옥에 갇힌 죄인들에게 제공되는 식량의 부담을 걱정해야 할 정도였다고 전해집니다.

그러나 개인이 자행했던 동전 불법 주조의 규모는 크지 않았을 것으로 추정됩니다. 동전의 원료인 동의 대부분이 일본에서 수입되었으며, 이 경로를 조선 정부가 사실상 독점하고 있었기 때문입니다. 또한, 조선 후기에는 정부가 허가한 상인들만이 왜관에서 제한된 물품을 교역할 수 있었으므로 개인이 불법 주조를 위해 대량의 동을 확보하기는 사실상 불가능했습니다. 그래서 불법 주조는 주로 동전 발행에 관여한 장인들과 자금 조달자인 봉족들이 저지르는 경우가 많았습니다. 다만 정부가 불법 주조 현장을 급습해도 정보가

아니, 어떻게 매번
미리 알고 도망가는 거야!

내통자가 있는 게지.

사전에 새어 나가 범인들을 놓치는 일이 빈번했는데, 이 역시 불법 주조자들이 정부와 긴밀한 관계를 맺고 있음을 방증합니다.

조선 정부도 손을 놓고 있는 것은 아니었으며, 불법 주조 근절 대책은 엄격했습니다. 불법 주조에 가담한 장인은 사형에 처하고, 자금을 지원한 봉족은 유배형에 처했습니다. 또한 감시를 강화하기 위해 정부는 동전을 주조할 수 있는 화로 개수를 제한했고, 민간에서 동이 동전 주조에 사용되는 것을 방지하기 위해 지정된 놋그릇 외의 모든 놋그릇 사용을 금하는 규정인 유기금단사목鍮器禁斷事目을 제정했습니다. 이와 더불어 실직한 놋그릇 장인들을 동전 발행 작업에 동원했으며, 사용을 금지한 놋그릇은 무게에 따라 가격을 매겨 은으로 매입해 회수하는 등 불법 주조를 막고자 했습니다.

그런데 위조 동전이 많지 않았음에도 19세기 말 조선의 동전 가치가 크게 떨어지는 일이 있었습니다. 흔히 대원군이 1866년 경복궁 재건 자금을 마련하기 위해 **당백전**을 발행했고, 이것이 결정적인

계기가 되어 조선의 화폐 경제가 무너졌다고 알려져 있는데, 이는 절반 정도 맞는 이야기이며 실상은 조금 더 복잡합니다.

당백전은 명목 가치가 상평통보의 100배에 달했지만, 실제 함유된 금속의 가치는 상평통보의 5~6배에 불과했습니다. 따라서 당백전이 유통된 이후 동전 가치가 떨어지고 물가가 올랐습니다. 결국 정부는 6개월 만에 당백전 발행을 중단했고, 1년 만에 유통 자체를 중단시켰습니다. 그러니 당백전의 폐해가 있었던 것은 사실입니다.

그런데 당백전보다 훨씬 더 큰 인플레이션을 유발한 원인은 청나라 동전의 유입이었습니다. 국내 동전량이 부족하다고 판단한 고종은 청나라 동전을 대량 수입해 유통했는데, 당시 청나라 동전의 함유 금속 가치는 상평통보의 3분의 1 수준에 불과했습니다. 그럼에도 1867년에서 1874년 사이 청나라 동전 유통량은 조선 국내 동전 유통량의 30~40%에 달했다고 합니다. 그래서 당시에도 청나라 동전 유통에 대해서 당시 많은 비판이 있었습니다.

당백전의 폐해는 체했을 때처럼 약으로 금방 해결되지만, 청나라 돈의 폐해는 설사처럼 끝도 없이 죽죽 쏟아지다 나라를 죽게 할 것입니다. *

알겠는데 비유가 너무 천박하구나.

＊『고종실록』 고종 10년 11월 3일 기사에 실제로 나오는 말.

또한 1876년 개항 이후 외국과의 자유로운 교역이 확대되면서 더 큰 인플레이션이 촉발되었습니다. 개항으로 인해 동 함유량이 높고 순도 높은 조선 동전이 국외로 유출될 가능성이 커지자 이를 막기 위해 정부는 동전의 순도를 급격히 낮추는 조치를 취했는데, 그 결과 동전의 가치는 이전보다 더 빠르게 하락했습니다

아래 그래프는 19세기 장흥과 영암 지역 문중이 작성한 회계 문서는 약 120리터에 해당하는 쌀 1석이 상평통보 몇 냥에 거래되었는지를 보여 줍니다. 보면 19세기 중반까지 쌀 1석의 가격은 약 2~4냥 수준을 유지했는데 1866년 당백전이 발행되고 청나라 동전의 대량 유통되면서 쌀 가격이 6~8냥까지 급등하는 것을 확인할 수 있습니다. 이후 인플레이션이 잠시 주춤했으나, 1876년 개항기를 기점으로 쌀 가격이 급격히 상승하고 불안정해지기 시작했습니다. 이를 통해 조선의 화폐 인플레이션 주요 원인은 위조 동전보다는 화폐량을 제대로 조절하지 못한 정책 실패였음을 알 수 있습니다.

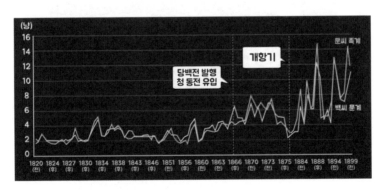

1820~1899년 장흥 문계와 영암 족계의 작전가(*작전: 전세를 쌀로 받는 것)
(©김건태, 「19세기 회계자료에 담긴 실상과 허상」, 《고문서연구》 43, 2013)

40

죄인이 사약 먹고도
멀쩡하면 어떻게 될까?

조선시대에도 큰 죄를 지어 사형을 당한 사람들이 있었습니다. 기록에 따르면 어떤 사람은 칼에 베여 죽고, 어떤 사람은 목이 졸려 죽으며, 또 어떤 사람은 독극물인 사약을 마시고 죽는 등 사형수마다 처형 방식이 달랐습니다. 그렇다면 사약을 마시고 죽은 사람들은 어떤 경우였을까요? 그리고 사약을 마시고도 죽지 않으면 어떻게 되었을까요?

조선시대의 형벌은 크게 태형, 장형, 도형, 유형, 사형 등 다섯 가지로 나뉘었습니다. 태형과 장형은 회초리로 볼기를 치는 형벌인데, 태형은 가는 회초리를 사용하고 최소 10대만 치는 비교적 가벼운 형벌인 반면 장형은 굵은 회초리를 사용하며 최소 60대를 쳐야 하는 태형보다 무거운 형벌입니다. 흔히 사극에서 볼 수 있는 곤장으

장형

도형

유형

태형

사형

로 볼기를 치는 형벌은 일반적으로 사용되지 않았으며, 주로 군인
이나 도적같이 엄하게 처벌해야 할 대상에게 적용되었습니다.

　다음으로 도형은 일정 기간 고된 노동을 하는 형벌로, 현대적으로
표현하면 일종의 징역에 해당합니다. 도형은 보통 장형과 함께 집
행되었는데, 징역을 시작하기 전에 회초리로 볼기를 맞는 방식이었
습니다. 유형은 섬이나 산골 같은 외진 곳으로 유배를 보내 일종의
가택연금을 당하는 형벌이고, 유형 역시 일반적으로 장형과 함께
집행되었지만, 경우에 따라 유배만 가는 경우도 있었습니다. 이때
벼슬이 높은 사람이나 죄가 비교적 가벼운 사람은 유배지에서도 어
느 정도 돌아다니며 활동의 자유를 누리기도 했습니다. 반면 중죄
인의 경우 집 밖으로 나오지 못하도록 아예 가둬 두는 방식으로 처

벌했는데, 이를 위리안치圍籬安置라고 합니다.

　마지막으로 사형은 말 그대로 죽임을 당하는 처벌입니다. 사형에도 여러 방식이 있었는데, 그 방식은 죄의 경중에 따라 달랐습니다. 중범죄자에게는 칼로 목을 베는 참형이 집행되었으며, 역모 주도 같은 극악 범죄의 경우 사지를 찢어 죽이는 거열형이 집행되기도 했습니다. 다만 거열형은 극히 특수한 경우로 잘 집행되지 않았고, 처벌 대상이 고위급 인물일수록, 그리고 죄질이 나쁘지 않을수록 시신을 보존할 수 있는 방식의 사형이 집행되었습니다.

　어떻게 보면 사약을 내려 죽이는 방식은 사형 중 가장 온건한 방식이었습니다. 중국을 비롯한 동아시아 국가는 선비를 비롯한 상위 신분 사람들의 명예를 존중했습니다. 예컨대 『예기』「유행」편에는 "선비를 죽일 수는 있어도 선비를 욕보일 수 없다"라는 말이 있습니다. 따라서 사형을 집행하더라도 고위급 인물에게는 최대한 시신

을 보존할 수 있는 방식으로 행해졌습니다. 무엇보다 사약은 임금이 죄인에게 직접 내리는 것으로, 사약이라는 이름에도 '죽을 사死'자가 아니라 '내릴 사賜' 자를 썼습니다. 즉, 사약은 죄인이 임금에게 허락받아 가장 명예롭게 죽을 수 있는 방법이었던 것입니다.

그런데 과거에는 사약을 강력하게 제조하거나 품질을 일정하게 유지하기가 쉽지 않았던 것으로 보입니다. 그래서 간혹 사약을 먹고도 죽지 않는 사례가 왕왕 있었습니다. 가령 야담집 『어우야담於于野譚』에 따르면 중종 대에 권신이었던 김안로는 사약을 먹고 너무 써서 안주로 생밤을 찾다가 죽었다고 전해집니다. 관련해서 윤휴의 문집 『백호전서白湖全書』에는 김안로의 최후가 다르게 묘사되는데, 이 기록에 따르면 김안로가 사약을 먹고도 죽지 않아 결국 포졸들이 그의 목을 졸라 죽였으며, 콧구멍에 불을 대어 진짜 죽었는지까지 확인했다고 합니다.

한편『을사전문록乙巳傳聞錄』에는 조선 중기의 문신 임형수가 술에 사약을 타서 마셨는데, 열여덟 그릇을 먹고도 죽지 않았다는 기록이 남아 있습니다. 그래서 결국 그는 목을 매어 사형을 집행했다고 합니다.

이 두 가지 사례에 따르면 설령 사약을 먹고 죽지 않더라도 목을 졸라 죽이는 방식으로 사형을 집행했음을 알 수 있습니다. 독극물로 죽는 것보다는 못하지만, 목을 졸라 죽이는 방식 또한 시신을 비교적 온전히 보존할 수 있었고, 이 역시 사형수의 명예를 지켜 주는 조치였다고 할 수 있습니다.

송시열은 정말 사약을 먹고도 멀쩡했을까?

효종 대부터 숙종 대까지 권력과 명예를 누렸던 송시열은 사약을 받고 세상을 떠났습니다. 그런데 그의 죽음을 둘러싼 여러 이야기가 전해집니다. 송시열이 워낙 건강하여 사약을 여러 그릇 먹고도 죽지 않았다는 설도 있고, 심지어 사형을 집행하는 금부도사가 송시열에게 제발 죽어 달라고 간청하기까지 했다는 설도 있습니다.

하지만 송시열의 문집 『송자대전』은 이와 전혀 다른 내용이 기록되어 있습니다. 물론 문집이라는 특성상 송시열의 의연한 모습이 다소 과장되었을 수 있다는 점은 감안해야 할 것입니다.

『송자대전』에 따르면, 임금의 명에 따라 중한 죄인을 신문하는 금부도사가 찾아왔을 때 송시열은 이미 기력이 크게 쇠해 거동조차 어려워 제자들의 부축을 받아야 했습니다. 임금의 명령을 받을 때는 관복을 갖추고 무릎을 꿇어야 하지만, 송시열은 일어설 수조차 없어 관복을 몸 위에 올리는 것으로 의관 정제를 대신했습니다.

송시열 초상
(ⓒ 국립중앙박물관 소장)

이어서 임금의 명령을 받기 위해 제자들은 누워 있는 송시열을 누운 자리째로 들어 대청마루 동쪽으로 옮겼습니다. 금부도사와 동행한 향교 학생이 임금의 명령서를 읽었는데, 송시열의 상태를 고려해 중요하지 않은 부분은 빠르게 넘어갔습니다. 일어설 수 없었던 송시열은 상체를 들어 올리는 것으로 겨우 인사를 대신했습니다.

이후 의원이 사약 세 그릇을 가지고 왔고, 사약을 마신 송시열은 다시 방으로 옮겨졌습니다. 제자 이후진의 몸에 기대어 있던 송시열은 이후진의 청으로 베개에 눕게 되었습니다. 얼마 지나지 않아 송시열은 크게 숨을 내쉬며 숨을 거두었고, 관리가 사망을 확인한 뒤 금부도사가 물러났습니다.

이러한 기록으로 미루어 볼 때, 송시열이 독약에 내성이 있었다는 이야기는 사실이 아닐 가능성이 높습니다. 그리고 당대의 거물이었던 만큼, 그의 마지막 순간에 최대한 편의를 보장받았음을 알 수 있습니다.

참고 문헌

1부 사소해서 물어보지 못했던 조선사 이야기

1 고려에서 조선으로 바뀐 후 고려 왕족들은 어떻게 됐을까?

한정수, 「조선 초기 왕씨 처분론의 대두와 전개」, 《사학연구》, 114, 2014.

2. 신문고는 정말 아무나 두드릴 수 있었을까?

『태종실록』 태종 1년(1401) 7월 18일; 8월 1일.
김영주, 「신문고 제도에 대한 몇 가지 쟁점」, 『한국언론정보학보』 39, 2007.

3. 왕에게 욕한 사람은 어떻게 됐을까?

『선조실록』 선조 25년(1592) 11월 7일, 세 번째 기사.
『세조실록』 세조 4년(1458) 2월 12일; 2월 13일; 2월 17일, 첫 번째 기사.

4. 어의가 의료사고를 내면 어떻게 될까?

『현종실록』 현종 즉위년(1659) 5월 17일; 6월 10일; 현종 1년(1660) 1월 24일; 현종 3년(1662) 10월 7일.
『효종실록』 효종 9년(1658) 11월 20일; 효종 10년(1659) 5월 4일.

5. 절대 권력자인 왕도 귀신을 무서워했을까?

『광해군일기 중초본』 광해 7년(1615) 4월 2일 첫 번째 기사; 광해 10년(1618) 5월 16일.
『연산군일기』 연산 7년(1501) 1월 30일 두 번째 기사; 연산 12년(1506) 5월 23일 두 번째 기사.
『중종실록』 중종 24년(1529) 12월 17일 두 번째 기사; 중종 37년(1542) 4월 27일 첫 번째 기사.

6. 왕이 치매에 걸리면 어떻게 될까?

『일성록』 영조 50년(1774) 2월 2일; 영조 51년(1775) 10월 14일; 윤10월 19일; 영조 52년(1776) 1월 6일; 3월 4일.
최봉영, 「65세 이상 치매유병률 10.33%…관리비용 18조7,200억원」, 《디멘시아뉴스》, 2022년 3월 14일 작성, 2023년 1월 27일 접속. https://www.dementianews.co.kr/news/articleView.html?idxno=4998.

7. 왕은 얼마나 공부해야 했고, 하기 싫으면 어떻게 했을까?

『문종실록』 문종 1년(1451) 5월 9일.
『세조실록』 세조 10년(1464) 4월 22일; 세조 12년(1466) 4월 27일.
『세종실록』 세종 19년(1437) 9월 7일.
『성종실록』 성종 1년(1470) 2월 20일.
『연산군일기』 연산군 10년(1504) 윤4월 23일; 8월 15일.
『태조실록』 태조 7년(1398) 12월 9일.

8 태조가 아닌 왕들의 묘호는 왜 '조'로 끝날까?

『광해군일기』 광해 8년(1616) 8월 4일.

『예종실록』 예종 즉위년(1468) 9월 24일.
『철종실록』 철종 8년(1857) 8월 10일.
『효종실록』 효종 즉위년(1649) 5월 23일.

2부 보면 볼수록 흥미로운 조선 왕실 이야기

9. 왕은 궁 밖으로 얼마나 자주 나갔을까?

『연산군일기』 연산 12년(1506) 4월 12일; 4월 17일.
김지영, 「조선후기 국왕 행차에 대한 연구」, 서울대학교 국사학과 박사학위논문, 2005.

10. 옛날에는 시집살이가 심했다고 하던데, 공주들도 시집살이를 했을까?

『세종실록』 세종 17년(1435) 1월 23일.
『성종실록』 성종 5년(1474) 1월 1일.
『영조실록』 영조 34년(1758) 1월 17일.
『중종실록』 중종 39년(1544) 2월 19일; 2월 22일; 2월 23일; 6월 24일.

11. 우리나라 최초의 배달 음식은 뭐였을까?

『이재난고』 영조 44년(1768) 음력 7월 7일.
『임하필기』 제29권 「춘명일사」 중 「근심감계」.
김성현, 「25조원 배달 시장… 업계 "라이더 우리가 챙긴다"」, 《ZDNET Korea》, 2022년 3월 30일 작
  성, 2023년 2월 1일 접속, https://zdnet.co.kr/view/?no=20220328131140.

12. 궁에는 사람이 몇 명 정도 살았을까?

『세종실록』 세종 5년(1423) 6월 27일.
『영조실록』 영조 13년(1737) 3월 26일.

13. 예의 바르게 왕을 비판하는 방법은?

『고종실록』 고종 13년(1876) 1월 27일; 고종 16년(1879) 2월 9일.
『광해군일기 중초본』 광해 즉위년(1608) 5월 2일.

14. 궁녀의 월급은 얼마 정도 됐을까?

『고종실록』 고종 31년(1894) 7월 22일.
『여관제도연혁』, 장서각 청구기호 K2-2032.
신명호, 『궁녀: 궁궐에 핀 비밀의 꽃』, 시공사, 2004.

15. 한양에는 왜 궁궐이 다섯 개나 있었을까?

『광해군일기 정초본』 광해 9년(1617) 4월 27일.
『광해군일기 중초본』 광해군 3년(1611) 10월 11일.
『선조실록』 선조 26년(1593) 10월 1일.
『성종실록』 성종 15년(1484) 9월 27일.

16. 동·서·남대문은 있는데 왜 북대문은 없을까?

『승정원일기』 영조 17년(1741) 4월 11일.

『중종실록』 중종 22년(1527) 5월 9일.

『태조실록』 태조 5년(1396) 9월 24일.

『태종실록』 태종 13년(1413) 6월 19일.

3부 읽다 보면 빠져드는 조선 생활 이야기

17. 조선 사람들은 한글을 얼마나 썼을까?

『세종실록』 세종 26년(1444) 2월 20일; 세종 28년(1446) 9월 29일.

『숙종실록』 숙종 10년(1684) 9월 11일; 숙종 25년(1699) 4월 3일.

18. 조선시대에도 주말이 있었을까?

『숙종실록』 숙종 8년(1682) 8월 14일;『영조실록』 영조 3년(1727) 11월 13일.

『인조실록』 인조 9년(1631) 7월 12일.

『태종실록』 태종 12년(1412) 12월 29일; 태종 13년(1413) 11월 11일.

『현종실록』 현종 10년(1669) 10월 14일.

이창익, 「조선시대에도 공휴일이 있었을까?」, 《민속소식》, 2017년 6월 13일 작성, 2023년 2월 3일
　　접속, https://webzine.nfm.go.kr/2017/06/13/%EC%A1%B0%EC%84%A0%EC%8B%9C%EB%
　　8C%80%EC%97%90%EB%8F%84-%EA%B3%B5%ED%9C%B4%EC%9D%BC%EC%9D%B4-
　　%EC%9E%88%EC%97%88%EC%9D%84%EA%B9%8C/.

19. 과거 볼 때 한양까지 며칠 걸려 갔을까?

박제가, 『북학의』.

서긍, 『선화봉사고려도경』.

이규경, 『오주연문장전산고』.

20. 백성들은 어떤 고기를 얼마나 자주 먹었을까?

『선조실록』 선조 34년(1601) 2월 1일.

『숙종실록』 숙종 9년(1683) 1월 28일.

『연산군일기』 연산 11년(1505) 4월 20일.

안동 장씨, 『음식디미방』.

21. 조선 사람들도 이사를 갔을까?

김건태, 「결부제의 사적 추이」, 《대동문화연구》, 108, 2019, 275~276쪽.

한성문화재연구원, 『화성 온석리 267번지 유적』, 2018.

22. 조선시대에 감귤은 얼마나 귀한 과일이었을까?

『대동야승』 권3, 「용천담적기」

『성종실록』 성종 20년(1489) 2월 24일.

『숙종실록』 숙종 26년(1700) 9월 24일.

『세종실록』 세종 20년(1438) 5월 27일.

『영조실록』 영조 24년(1748) 1월 10일.

『태종실록』 태종 12년(1412) 11월 21일.

23. 눈 나쁜 조선 사람들은 어떻게 글을 읽었을까?

『승정원일기』 영조 5년(1729) 6월 4일; 영조 28년(1752) 7월 9일.

『일성록』 정조 12년(1788) 4월 20일.

『전객사일기』 "金皮眼鏡一掛"

『정조실록』 정조 23년(1799) 5월 5일.

『헌종실록』 헌종 11년(1845) 11월 11일.

강세황, 「안경설」.

이호민, 「오봉집」 중 「안경명」.

진재교, 「조선조 후기 안경과 문화의 생성: 안경으로 읽는 조선조 후기 문화의 한 국면」, 《한국한문
학연구》, 62, 2016.

24. 조선 사람들도 술을 즐겼을까?

박록담, 「음식디미방의 양주법 특성과 다른 문헌에 미친 영향」, 『음식디미방과 조선시대 음식문
화』, 경북대학교출판부, 2017.

이사벨라 L. 버드 비숍, 『조선과 그 이웃나라들』, 신복룡 역, 집문당, 2000.

E.J. 오페르트, 『금단의 나라 조선』, 신복룡·장우영 역, 집문당, 2000.

L.H. 언더우드, 『상투의 나라』, 신복룡·최수근 역, 집문당, 1999.

4부 알고 나면 더 재밌는 조선 예술 이야기

25. 왕의 초상화는 정말 왕의 얼굴과 똑같이 생겼을까?

『숙종실록』 숙종 39년(1713) 3월 30일.

이성낙, 『초상화, 그려진 선비정신』, 눌와, 2018.

이성미·유송옥·강신항, 『조선시대어진관계도감의궤연구』, 한국정신문화연구원, 1997, 70쪽.

26. 유배 가사들은 왜 러브레터 같을까?

유희춘, 『미암일기』.

이문건, 『묵재일기』.

27. 명필로 알려진 한석봉은 글씨 외의 능력도 뛰어났을까?

『선조실록』 선조 31년(1598) 3월 9일; 선조 34년(1601) 3월 17일; 4월 22일; 4월 23일; 선조 39년(1606)
8월 6일; 선조 37년(1604) 9월 30일; 윤9월 15일.

28. 조선시대에 읽으면 안 되는 책도 있었을까?

『정조실록』 정조 16년(1792) 10월 24일.

강혜선, 「정조의 문체 비판 재론」, 《한국문화》, 49, 2010, 209쪽.

29. 조선의 백자들은 왜 대부분 아무 무늬가 없었을까?

『예종실록』 예종 1년(1469) 10월 5일.
호암미술관 연구실, 「청화안료에 대하여」, 『조선백자전 (II)』, 삼성미술문화재단, 1985.

30. 통영 지역은 왜 전통 공예로 유명한 걸까?

서유승·고정훈, 「옻칠문화계승을 위한 통제영 12공방에 관한 연구」, 《한국상품문화디자인학회》, 47, 2016.

31. 궁중악사가 왕 앞에서 연주를 실수하면 어떻게 됐을까?

정조, 『일득록』, '정사政事' 1.

32. 조선시대에도 제품 리뷰가 있었을까?

정약용, 「칠실관화설」.
이태호, 『옛 화가들은 우리 얼굴을 어떻게 그렸나: 조선 후기 초상화와 카메라 옵스쿠라』, 생각의 나무, 2008.
장진성, 「조선 후기 회화와 카메라 옵스큐라: 서양이물에 대한 문화적 호기심의 양상」, 《동악미술 사학》, 15, 2013.

5부 한 번쯤은 궁금했던 조선 사회 이야기

33. 실록은 정말 있는 그대로 기록되었을까?

『선조실록』 선조 30년(1597) 10월 16일; 영조 52년(1776) 2월 4일.
『선조수정실록』 선조 30년(1597) 12월 1일.
『승정원일기』 영조 32년(1756) 5월 2일.
『영조실록』 영조 52년(1776) 2월 4일.

34. 적의 침입을 알리는 봉화는 얼마나 빨리 전달됐을까?

『만기요람』 「군정편 1」 驛遞 撥站.
『선조실록』 선조 27년(1594) 1월 10일; 선조 30년(1597) 2월 25일.
『중종실록』 중종 27년(1532) 9월 25일.
『호서읍지』.
김주홍, 『조선시대 봉수 연구』, 서경문화사, 2011.

35. 조선의 한 냥은 지금 돈으로 얼마일까?

오희문, 『쇄미록』.
국무조정실, 「청년 삶 실태조사」(국가통계 승인번호 제170002호), 한국보건사회연구원·(재)한국통계진흥원에서 2022년 수행, 2023년 3월 6일.
유현재, 「조선 후기 주전정책과 재정활용」, 서울대학교 대학원 박사학위논문, 2014.
이종봉, 「조선시대의 도량형」, 『한국 도량형사』, 소명출판, 2016.

36. 조선시대 과거 시험은 얼마나 치열했을까?

박현순, 「조선의 과거제도 속으로: 출세의 사다리인가? 배움의 가시밭길인가?」, 『함께하는 역사』, 한국역사연구회 홈페이지. 2013년 10월 10일 작성, 2023년 2월 16일 접속. http://www.koreanhistory.org/3647.

37. 조선은 물가를 어떻게 잡았을까?

김한빛, 「17세기 조선의 동전 통용정책과 활용양상」, 2017, 서울대학교 석사학위논문.

38. 조선시대에도 이혼할 수 있었을까?

『태종실록』 태종 5년(1405) 9월 22일.

39. 조선에도 위조화폐가 있었을까?

『고종실록』 고종 10년(1873) 11월 3일
『비변사등록』 숙종 5년 2월 4일, 숙종 5년 2월 19일
『승정원일기』 경종 4년(1724) 4월 5일; 숙종 22년(1696) 3월 3일(기미); 3월 12일(무진).
김건태, 「19세기 회계자료에 담긴 실상과 허상」, 《고문서연구》 43, 2013.
김윤희, 「19세기 이중통화체제와 엽전 유통의 의미」, 《전북사학》 57, 2019.
김한빛, 「17세기 조선의 동전 통용정책과 활용양상」, 2017, 서울대학교 석사학위논문.

40. 죄인이 사약 먹고도 멀쩡하면 어떻게 될까?

『을사전문록』
유몽인, 『어우야담』
윤휴, 『백호전서』

도판 크레디트

75쪽   국립중앙박물관에서 작성하여 공공누리 제1유형으로 개방한 "정조의 화성행차".
112쪽   서울역사박물관에서 작성하여 공공누리 제1유형으로 개방한 "경복궁도".
120쪽   Tom Page, "Sukjeongmun", CC BY-SA 2.0.
128쪽   국립한글박물관에서 작성하여 공공누리 제1유형으로 개방한 "훈민정음 해례본(영인본, 1946)".
148쪽   국립중앙박물관에서 작성하여 공공누리 제1유형으로 개방한 "풍속화".
154쪽   국립중앙박물관에서 작성하여 공공누리 제1유형으로 개방한 "홍중기 호적사항 증명문서".
166쪽   국립중앙박물관에서 작성하여 공공누리 제1유형으로 개방한 "안경및안경집".
193쪽   국립한글박물관에서 작성하여 공공누리 제1유형으로 개방한 "석봉천자문(목판본, 1601년 이후)".
204쪽   (좌) 국립중앙박물관에서 작성하여 공공누리 제1유형으로 개방한 "분청사기 철화 연꽃 물고기 무늬 병".
204쪽   (우) 국립중앙박물관에서 작성하여 공공누리 제1유형으로 개방한 "백자 달항아리".
216쪽   국립중앙박물관에서 작성하여 공공누리 제1유형으로 개방한 "기해 기사계첩".
232쪽   『승정원일기』 영조 32년 5월 2일 기사. 서울대학교 규장각한국학연구원(서울대학교 중앙도서관 소장자료).
256쪽   국립중앙박물관에서 작성하여 공공누리 제1유형으로 개방한 "상평통보".
276쪽   국립중앙박물관에서 작성하여 공공누리 제1유형으로 개방한 "송시열 초상".

사소해서 물어보지 못했지만 궁금했던 이야기 2

1판 1쇄 인쇄 2025년 1월 20일
1판 1쇄 발행 2025년 2월 5일

기획 사물궁이 잡학지식
지은이 김한빛
펴낸이 김영곤
펴낸곳 (주)북이십일 아르테

책임편집 최윤지 **기획편집** 장미희 김지영
일러스트 빅포레스팅 **디자인** 채홍디자인
마케팅 남정한 나은경 최명열 한경화 권채영
영업 변유경 한충희 장철용 김영남 강경남 황성진 김도연
제작 이영민 권경민

출판등록 2000년 5월 6일 제406-2003-061호
주소 (10881) 경기도 파주시 회동길 201 (문발동)
대표전화 031-955-2100 **팩스** 031-955-2151 **이메일** book21@book21.co.kr

ISBN 979-11-7357-083-4 (04900)
979-11-7357-085-8 (세트)

아르테는 (주)북이십일의 문학·교양 브랜드입니다.

(주)북이십일 경계를 허무는 콘텐츠 리더
───────────────────────
페이스북 facebook.com/21arte 블로그 arte.kro.kr
인스타그램 instagram.com/21_arte 홈페이지 arte.book21.com